地理学评论

（第四辑）

——第六届人文地理学沙龙纪实

朱竑 主编

商务印书馆
2012年·北京

图书在版编目(CIP)数据

地理学评论．第四辑，第六届人文地理学沙龙纪实/朱竑主编．—北京：商务印书馆，2012

ISBN 978-7-100-09465-8

Ⅰ.①地… Ⅱ.①朱… Ⅲ.①地理学—文集 ②人文地理学—文集 Ⅳ.①K90-53 ②K901-53

中国版本图书馆CIP数据核字(2012)第223393号

地理学评论(第四辑)

——第六届人文地理学沙龙纪实

朱 竑 主编

商 务 印 书 馆 出 版

(北京王府井大街36号 邮政编码 100710)

商 务 印 书 馆 发 行

北京瑞古冠中印刷厂印刷

ISBN 978-7-100-09465-8

2012年10月第1版 开本787×1092 1/16

2012年10月北京第1次印刷 印张8

定价：33.00元

致　谢

“第六届人文地理学沙龙”的举办及本刊的出版，得到了科技部科技基础性工作专项“地理学方法研究”之课题三（城市与社会文化地理学方法研究，2007FY140800-3）和课题二（经济地理学方法研究，2007FY140800-2）的支持。特此表示感谢！

第六届人文地理学沙龙

2011年12月17—18日

承办单位：华南师范大学地理科学学院
支持单位：国家自然科学基金委员会
　　　　　中国地理学会
协办单位：中山大学地理科学与规划学院
　　　　　广州大学地理科学学院

目　录

前　言

第六届中国人文地理学学术沙龙在华南师范大学举行，我有幸参加了会议的一节。当我一走进会场，就犹如走近了二十年前中国地理学会青年地理工作者专业委员会的成立大会。当时我受中国地理学会派遣，以副理事长身份筹组中国地理学会青年地理工作者专业委员会，成立大会在中山大学举行。今天我看到了中国人文地理学年轻学者正在走向成熟，看到了希望，看到了未来，令人欣慰！

会议内容非常广泛，涉及人文地理学的方方面面。从文化地理学到网络地理学；从人文地理的空间研究，到文化冲突和环境变迁中的心理研究；从快速城市化下的乡村衰退，到环境变迁下的生态健康；从中国崛起给人文地理学带来的机遇和挑战，到人文地理学研究的本土化和全球化。此外，还涉及区域研究的走向、转型经济地理研究、长江三角洲经济一体化问题，等等。许多命题具有前沿性、创新性，报告和讨论中闪烁着不少可喜的火花，证明我们这支队伍正在接近成熟。

讨论中也不乏对人文地理学发展前景所表示的担忧、迷茫、困惑。拿来主义、修正主义、本土主义、科学主义，等等，成了讨论中出现最多的关键词。这也许是人文地理学发展过程中难免的一种现象，是人文地理学研究队伍成长过程中的花絮，是学术沙龙畅所欲言的一种特征和表现。

人文地理学本质上属于社会科学的范畴，其在西方的发展脱离不了西方哲学和思潮的影响，因而形成不同的学派。而不同的学派不仅是研究手段的不同，在其本质上是哲学基础的不同。要想了解它们、学习它们、引进它们，就不能仅从方法论着手，更为重要的是弄明白它们的哲学含义。

我国人文地理学发展的目标不能仅仅停留在丰富和检验西方人文地理学的阶段，而要发展我们自己的人文地理学。我们要学习、吸收西方哲学的精华，吸收西方人文地理学某些合理的并经过实践检验是正确的部分，从而形成自己独特的人文地理发展之路。

我们不仅要学习西方人文地理学，而且还要向国内外所有相邻学科学习，借用其于我有用的理论和方法来发展自己。过去有一种误解，一旦某人接触了某些相邻学科，就被认为过了界、转了行。其实这是封闭自己，限制自己去开拓新的领域。即使有个别学者真的转了行，并做出了成绩，那也是人文地理学对其他学科的贡献。

我们要加强人文地理学理论研究。我国有着丰富的实践经验，有人称中国是一个大实验室，可惜缺乏理论的概括、科学的推论和模式的建立。我们知道，一种理论或一个模式的创立、发展和运用是无数学者，一代人甚至几代人共同努力的结果。这就要求我们在这个学术大家庭里，既要百家争鸣又要彼此合作、相互补充、不断完善。任何一个人的成果都应被看作对整个学科的贡献，应该得到同行的尊重。要防止互不往来，互相看不起甚至有意贬低。如果真是那样，理论和模式都是无法建立起来的。

沙龙是一种造就学术成就的好形式。如果每次沙龙都能就一个主题由主办的学术单位或委托其他学术单位做好充分准备，拿出一份有分量的学术报告，然后与会学者围绕这份报告进行深入讨论，会后认真修改；那么经过一轮或几轮的反复，我想一定会形成为较多学者所认可的某一方面的理论、方法或模式。

我们期待着中国人文地理学的明天！

许学强

2012年5月1日

开 幕 式

主持人徐颂军：尊敬的各位领导，各位专家，各位来宾，女士们、先生们，大家下午好！

欢迎大家来到美丽的花城，来到华南师范大学参加2011年第六届中国人文地理学术沙龙。今天我们的会场高朋满座，蓬荜生辉，请允许我代表华南师范大学地理科学学院对各位来宾的到来表示最热烈的欢迎！

今天出席本次开幕式的领导和嘉宾有：

中国地理学会副理事长，中山大学校长助理保继刚教授

中国地理学会副理事长，商务印书馆李平副总编辑

华南师范大学校长刘鸣教授

中国地理学会张国友秘书长

中国科学院地理科学与资源研究所张文忠研究员

中国地理学会副秘书长，国家自然科学基金委地球科学部、地学处一处处长冷疏影研究员

新加坡国立大学副校长 Lily Kong(江莉莉)教授

香港大学社会科学学院副院长林初昇讲座教授

中国地理学会人文地理学专业委员会主任，中科院地理科学与资源研究所方创琳研究员

中国地理学会经济地理学专业委员会主任，中科院地理科学与资源研究所刘卫东研究员

中国地理学会人文地理学专业委员会副主任，华南师范大学副校长，本次大会组委会主席朱竑教授

中国地理学会人文地理学专业委员会副主任，北京师范大学周尚意教授

中国地理学会城市地理学专业委员会副主任，北京大学柴彦威教授

湖南衡阳师范学院院长刘沛林教授

国家"千人计划"获得者，中山大学地理科学与规划学院院长柳林教授

让我们以热烈的掌声，欢迎各位领导和嘉宾的光临！

人文地理学沙龙是中国人文地理学界的一个学术品牌活动，自2003年年底在南京大学

召开第一次沙龙之后，学术影响力迅速扩大，已经成为人文地理学者研究学术前沿问题的重要平台。学术沙龙自举办以来得到了中国地理学会的大力支持，首先让我们以热烈的掌声，有请中国地理学会秘书长张国友研究员为大会开幕式致辞！

张国友：尊敬的刘鸣校长，尊敬的各位老师、各位朋友，大家早上好！

第六届中国人文地理沙龙今天在华南师范大学召开了，我首先代表中国地理学会向这次沙龙的召开表示祝贺，同时也向各位领导和嘉宾的出席表示诚挚的问候。

人文地理沙龙从2003年第一次在南京举办，到现在已经整整十年了，十年间陆续举办了六次沙龙活动，这是第六次。应该说沙龙在全国人文经济地理学界搭建了一个品牌性的交流平台，在全国地理学界产生了重要影响。在过去的十年中，人文地理沙龙对活跃地理学界的学术交流氛围，引导大家更加关注学术，关注地理学理论和方法的研究方面，起到了重要的推动作用。

在此，我们特别感谢最初创办和支持我们沙龙活动的国家自然科学基金委员会地学部，以及国际合作局；当然还有南京大学，他们第一次举办了这个活动，给我们开了一个很好的头，搭建了一个很好的平台。更要感谢第一次的主办者顾朝林教授。还要感谢中山大学、华东师范大学、中科院地理与资源研究所和北京师范大学，代表性人物就是保继刚教授、曾刚教授、刘卫东研究员、周尚意教授。他们积极推动沙龙的开展，才有了今天的第六届沙龙活动，才能够使沙龙取得这么好的影响力和成果。同时我们还要特别感谢华南师范大学副校长朱竑教授，他积极牵头组织承办这次沙龙活动。今天能够有这么多重量级学者的参与，体现了沙龙在学术界的影响力和大家的重视，同时也显示了朱竑教授的号召力。更重要的是，我们还请到了新加坡国立大学的江莉莉教授和香港大学的林初昇教授，这么多的大牌学者出席我们的沙龙，相信这次沙龙一定能取得很大的成功。

同时我们也非常感谢华南师范大学校长刘鸣教授，感谢刘校长的大力支持和地理学院的领导、老师、同学们的努力工作。在此不能忘记《地理学报》编辑部和商务印书馆，他们分别出了专辑、系列出版物，扩大了沙龙的学术影响，对扩展我们的交流发挥了重要作用。

回顾过去十年，我们人文地理沙龙取得了丰硕的成果，已经搭建了这么高的平台；展望未来，希望沙龙能够再创辉煌。昨天晚上我跟周尚意教授商量了一下，讲点什么呢？十年我们已有很多积淀了，我有两个想法和大家交流一下。

我们沙龙的目标就是关注学术，推动地理学理论、方法的研究。应该说已经达到了一定的目标，能不能再不断地通过纯粹的学术交流，在这个过程中逐渐地凝炼出一个或几个比较有意义的项目计划？这个项目计划不是现在我们大家通常研究的、面向国家战略需求的、解决实际问题的项目，应该离这个远一点，我们应该看得更远一点，关注现在国际上比较关注的。记得十几年前大家还经常提生命科学，而现在国际上包括国际科联的组织，更关注全球变化的科学研究和可持续发展的研究。

我们思考一下这两个学科的研究，地理学应该非常能够发挥学科优势，对于这两个方面的研究我们应该能够提供很大的科学支撑。从另外一个意义上讲，地理学是占有先机的。关键看大家怎么把握这个机会，推动地理学的发展，在未来的科技发展当中发挥更重要的作用。为什么我想到这个事情？最近联合国教科文组织和国际科联正在通过国际地理联合会推动一个项目，他们想策划一个联合国的“全球共识年”。邀请了国际上的一些学者从事研究，推动这项工作。中国的周尚意教授就被IGU邀请参加了这个工作，开了几次会议，在不久前结束的在智利召开的IGU区域会上，所有的议题都在研究如何配合项目开展研究工作。我感觉到了IGU的层面，大家也关注到这个事情是地理学研究的切入点。

可持续发展研究无论是口号还是理念，都需要有实实在在的行动和学科支撑。地理学是不是能够更多地走在前面，更多地做一些工作？这是一个想法。第二个想法，人文地理沙龙出了不少成果，能不能在未来的发展当中，在全国，至少在地理学界，掀起一个更关注学术、更关注学科薄弱环节、更关注理论方法建设的高潮？这是我一直期望的。

我感觉目前中国地理界虽然有许多学术活动，但唯有人文地理沙龙活动的目标是非常准确的，关注学术、关注学科发展。我们已经搭建了这样一个平台，能不能把大家对学术的关注做进一步的发扬，掀起一个高潮？我记得人文地理沙龙最初的时候，在这个大沙龙之前，还有个小沙龙，曾经探讨中国的人文地理学，认为它是非常有特色的，中国的发展在世界上也是非常有特色的，能不能通过研究来凝炼中国的本土学派？人文地理的道路是怎么走的？国家要加强文化建设，中国地理学的文化在哪里？大家是不是可以有更多的思考。

这是我的一些粗浅的想法，与大家交流。最后预祝沙龙取得圆满成功，祝各位在广州工作、生活愉快，谢谢大家。

主持人徐颂军：统计了一下大会的情况，还有一些嘉宾需要补充：

中国地理学会副秘书长，北京大学贺灿飞教授

中科院东北地理所副所长张平宇教授

华南师范大学地理科学学院党委书记刘永琴副教授

非常感谢张国友秘书长精彩的致辞，下面有请华南师范大学刘鸣校长为大会开幕式致辞。

刘鸣：尊敬的张秘书长、保教授和各位专家学者，今天，第六届人文地理学术沙龙在我们学校召开，我首先对这次沙龙的如期举行表示由衷的祝贺，也代表学校对各位专家学者的莅临表示衷心的感谢！

刚才我听张秘书长对这个学术沙龙做了一个很好的概括和定位，尤其是他多次提到关注学术，这是我们沙龙的最大特点。为什么说这个话？因为我联想到我们华南师范大学地理学科的发展。我们学校建校快八十年了，在比较长的办学历史过程中，应该说地理学科一直或者曾经是我们学校比较辉煌的一个学科，那个时候有曾昭璇先生、刘南威先生，他们在这些领域做了一些很好的工作。地理学科的一些后人也在不断地继续努力，但是由于方方面面的原因，我们学术的关注、学术的传承和学术的发展受到了一些影响。所以，这一次沙龙在我们学校召开，我觉得非常高兴，这是对我们传统上有优势的学科寻求进一步发展的最有力的支持和帮助。

刚才张秘书长说要感谢华南师大，感谢朱校长，感谢我，但是我更想感谢秘书长，感谢各位专家学者。因为当我们这个学科正在谋求多方面发展和开拓的时候，各位专家来到这里为我们把脉、问诊，为我们的学科建设提供帮助和支持。我非常感谢。反过来，我也觉得很惭愧，今天地理学界这么知名的专家和学者聚集在这里，却没有提供一个更好的条件。由于大家都认为广东的冬天比较暖和，这两天我们学校有五个全国性的会议同时举办，搞得一场难求，会议室比较紧张，于是今天我们只好在这里召开沙龙。不过别的场地还真得不适合沙龙，都是台上台下的，在这里围坐起来才有沙龙的氛围，我觉得有这么多的专家学者就是沙龙成功的标志。

除了对各位表示欢迎和感谢，还要祝我们的沙龙圆满成功。我也对朱校长有一个建议，大家来自各个地方，除了开好这个沙龙，在沙龙上跟大家认真探讨、碰撞、产生思维的火花，沙龙结束后也欢迎与会的代表，特别是女代表，到我们学校附近刚刚开张不久的香港太古汇去逛一逛。

最后，再一次向各位表示感谢，祝我们的沙龙取得圆满成功，谢谢大家。

主持人徐颂军：谢谢刘鸣校长。出席这次开幕式的领导嘉宾还有：

中国地理学会原副理事长，中山大学许学强教授

南京师范大学地理科学学院陆玉麒教授、张小林教授

2011年第六届中国人文地理学术沙龙开幕式到此结束，预祝大会圆满成功，祝各位领导、各位专家、各位来宾工作顺利，身体健康，生活愉快。根据下面的议程请各位领导、各位专家、各位来宾移步行政大楼前合影留念。

2011年第六届中国人文地理学术沙龙
华南师范大学·2011年12月17日

第一部分

人文地理学的机遇与挑战

主 持 人：朱 竑　华南师范大学地理科学学院
方创琳　中国科学院地理科学与资源研究所
主题发言：江莉莉　新加坡国立大学
林初昇　香港大学社会科学学院
张小林　南京师范大学地理科学学院
陆玉麒　南京师范大学地理科学学院
叶 超　南京师范大学地理科学学院
范 方　华南师范大学教育科学学院
评 议 人：周尚意　北京师范大学地理与遥感科学学院
刘卫东　中国科学院地理科学与资源研究所
李 郇　中山大学地理科学与规划学院
张文忠　中国科学院地理科学与资源研究所
吕拉昌　广州大学地理科学学院
刘沛林　湖南衡阳师范学院
总 结 人：保继刚　中山大学旅游学院
李 平　商务印书馆

1. China and the Re-imagining of Anglophone Cultural Geography

Lily Kong

（新加坡国立大学）

主持人朱竑：第一节主讲嘉宾是新加坡国立大学副校长 Lily Kong（江莉莉）教授，点评人是北京师范大学周尚意教授。

Lily Kong 教授是国际上非常著名的社会文化地理学者，她长期从事女性主义、宗教主义、宗教地理学等很多学科领域的研究。在 2010 年上课的时候我曾经统计过她的学术成就，可以说横扫全球最 Top 的杂志。从学术成就来说，江莉莉教授的确给我们华人地理学者，特别是华人人文地理学者竖立了一个很好的标杆。现在我们有请江莉莉教授演讲，她演讲的题目是："中国与英美文化地理学的重构"。

Lily Kong：谢谢朱老师。不好意思，我的普通话讲得不是很好，所以用英语来讲，这样可以讲得比较快。

My talk today is about China and the re-imagining of Anglophone cultural geography. There are four questions that I will ask in my talk .

First, what is the nature of Anglophone cultural geography?

Second, what is the nature of Chinese cultural geography? this I think most of you know better than I do, so I want to be brief in that section.

The third, what are the pressing issues confronting China that cultural geography can help to address?

And fourth, how might the approach to Chinese cultural geography contribute to our re-thinking of Anglophone cultural geography?

So I will take each of these in turn.

First, what is the nature of Anglophone cultural geography? I recall David Livingstone, a historical cultural geographer, who said that, "there is no metaphysical core to geography ". In other words, there is no center, no core that is to be defined as geography. It depends very much on the contexts. What is geography in one place can be interpreted slightly different or vastly different in another place. And so contemporary cultural geography has Anglo-American roots, because so much cultural geography comes from European /American/UK origins, and is shaped by those contexts .

So in those particular contexts , what is cultural geography? Cultural geography has its rules in Carl Sauer from the University of California at Berkeley, and is very much about the cultural landscape. In more recent times from the late-1980s, there was new cultural geography, where the emphasis was about contested meanings and landscapes, and about textual analysis. Moving from that, in yet more recent times, in 1990s, and particularly in 2000s, cultural geography has come to emphasis the non-representational. Things like emotional geographies and embodied geographies.

There are certainly criticisms of Anglophone cultural geography, which deserve some attentions here.

First of all, there is a lot of theoretical jargon that characterizes the discipline, so that the scholars are speaking to one another, but not to the community, not to a larger scholarly community, leave alone the larger public community. Some would say that the kind of cultural geography that is done is out of touch with the realities of the world, it is all about texts. It is very ivory towerish, and it lacks social relevance. There is an unwillingness to engage with policy questions, and there are several reasons for this unwillingness to engage with policy questions. For example, some would say that scholars are selling their souls if they engage with policy, research becomes compromised in scope and orientation ,and the independence of scholars is compromised.

Intellectual snobbery that says if one does policy research, one does not make theoretical contributions. In policy research, there is often an emphasis on quantitative research. The kind of methodology in cultural geography that places emphasis on the qualitative becomes compromised. Also, there is a lack of engagement with policy work because of misconceptions about what geography is about: rocks, stones, clouds and so on, and very little understanding of what geography can contribute to a understanding of our real and human world and how we can apply and what we can do.

So what about Chinese cultural geography? I am going to skip a lot of these because of a lack of time, but I will say that the cultural geography of China in the English language is actually done by a very small handful of scholars. The key themes are very common, with a focus on rural landscapes, tourism and migration. There is a tendency to a focus on what might be called the "exotic other", in other words, the research is not focused on the mainstream majority. Also, a fair amount of the social and cultural geographical work done on China is generally done on international migrants in China, so it is not necessarily about the Chinese.

What about the Chinese language literature? There was very little Chinese language cultural geography in the past though in more recent times there is much more activity. But the neglect of historical and cultural geography is really because there is little "proclivity for scholarship that has little or no relation to production". And so the focus is very much more on the economic side of the house – the economic focus on urban and transportation issues rather than the squarely cultural issues.

In the 1980s, the beginnings of Chinese language literature became evident. Many of you are more familiar with these than I am. But the kind of things that were explored were the mapping of cultural traits, and then there is also a lot of translations of English language works.

In the 1990s, the sort of key themes continues: mapping, for example, the mapping of language, of religion, of wedding rituals, and so forth. And the descriptions of regional cultural geographies. I have a lot of examples there.

At the turn of the century, in the 21st century, you can now see two main groups, one uses a more traditional but still useful approach. It uses classical texts as source material to try to understand regional cultural geographies. But there is also a second approach, that follows the Anglo-American approach with its "cultural turn", the cultural interpretations of spatial processes, spaces of cultural production and so on. So both these approaches are evident, and the second approach is more recent.

What interests me is what are the pressing issues that confront China today that culture geography can help to address? We need to avoid taking the agendas of western geographies and applying the research questions that matter thereto the local context because our contexts are so different within China, Singapore and elsewhere. The issues confronting our societies are different from those confronting western societies, and so, taking the western agenda may not be suitable. What I think we need to do is to look at our own society, our own history and development, and ask ourselves what are the questions that are important to us, that matter in our own culture and society. In the context of China, you know much better than I do, but I'll venture to suggest some issue areas: agricultural reform, economic reform, urban change, rural-urban migration and related social inequalities, changing family structure, and environmental change .

Now how do we take these conditions and context in China, and how do we ask cultural geographically-informed questions that matter in this culture and in this society? First, agricultural reform, as you know, was the first reform success, the pillar of fundamental economic reforms. So we want to ask ourselves in the late 1990s and 2000s, what are the key challenges in this area, for example: the slowing of agricultural productivity growth, falling grain prices due to international competition, increasing gaps between rural and urban incomes, capital outflows from agriculture to rural and urban industry, food safety questions. These are all important questions. A lot of these questions have been asked and answered with an economic focus in agricultural geography. But can we expand these issues to look at them from the cultural geography perspectives? and the answer is yes. How do farmers accept new agricultural technologies & new methods of farm efficiencies? Why are some people willing to adapt, change and some not? Why do some people accept the new diversities of food types and other people do not? Why do some people accept eating certain types of animals and some do not? Also there are questions about ethical relations between the environment and human beings. All of these are cultural questions.

Next, there is economic reform (and I realize we have to go faster for lack of time). Economic reform is obviously relevant to economic geography, but there are also cultural questions. For example, how is economy inflected by cultural considerations? Why are some products more successful in the market place than others? These are very often cultural consumption questions.

There are also many cultural questions about urban change. There are many urban changes due to economic, social and political reasons such as increased foreign investment, privatization of housing and real estate, mobility of population and power of the state. There are also many questions of the cultural in urban change: What are the symbolic meanings of the cityscape? for example. What about cultural and historical preservation? what is preserved, how it is preserved and what's the meaning of the preserved to the population? Is it used by the local population and what does that preserved landscape mean to them? Notions of public and private space, these are cultural questions. What is considered public space in one culture is different from what is considered public space in another culture. What can be shared in the public space in one culture is different from another culture. In different cultural contexts, different people have different interpretation and meanings about space.

The next theme is rural-urban migration. Again, there are many cultural questions, for example, what are the kinds of conflicts between local provinces and big cities? gendered migration patterns, what are the minority group difficulties when they migrate into the area of the majority population? new migrant phenomenon e. g. "ant colonies", how do they adapt? Very often, these are social and cultural questions.

And the same for the changing family. All kinds of social and cultural implications deserve research attention by social and cultural geographers. What is the nature of intergenerational relations in a time of shifting cultural and social values? What about the burden of care? Who has the responsibility for the aging population: is it the state, is it the community, is it the family, is it the individual? In a lot of western contexts the individual responsibility is emphasized, in a lot of Asian contexts, the family responsibility, the community responsibility may be emphasized. What is the role of social institutions like the religious group? .

The next theme is environmental change. What are the social and cultural roots of environmental change? What are the human-environment relationships in Chinese thought, and how are they different from the thinking about relationships between human and environment in western thought? These are all questions that have cultural roots and social implications. China can contribute to the understanding of the world of cultural geography internationally.

Now let us think about Chinese cultural geography and how it can play an important role in reshaping and rethinking of Anglophone cultural geography. I will suggest three areas to think about. First of all, to re-theorize conscientiously and to engage in indigenous theorizing. A lot of theories in culture comes from the western contexts, but because the contexts are so different, the theories sometimes don't apply here, certainly not in many parts of the world. And there is the danger of a lot of research in other parts of world is taking the theory and applying it to the local context. And yet what we need to do really is to look at what is going on in our own society and our own culture, and develop our own theory. That should in fact help to reshape international geography and theoretical thought. For example, we need to think about the cultural conceptions of nature, in Chinese culture, in Buddhist culture, in Confucian culture. The relationship between humans and environment can be very different, and so we can contribute to different theory building. Second, we should re-valorize social relevance. Now you remember in the first part of my talk I highlight how in a lot of new cultural geography, sometimes it is too theoretical and we forget what are the real questions that are confronting people in everyday life. It is important that the kind of work we do has relevance to the community we are part of. And so what are the pressing societal issues that have cultural underpinnings and implications that we need to remember? remembering that what we do is not just for ourselves, but for the society and the community of which we are part.

Finally, I would just like to make one last comment, and that is, in a lot of cultural geography in the western world, the tendency is to use highly qualitative methodologies. That is good and fine, but there are many other opportunities too for expanding the use of quantitative methodology as well. In China, for example, GIS methodology is well developed and can be important for use in cultural research.

I don't have time to go into that in detail, but I will be happy to respond to questions. Because the time is short, I will stop here, and apologize for being so rushed in my presentation. Thank you for your attention.

(译文:

江莉莉:谢谢朱老师。不好意思,我的普通话讲得不是很好,所以用英语来讲,这样可以讲得比较快。

我今天要讲的主题是中国与英美文化地理学的重构。接下来我将围绕四个问题阐述。

第一,英美文化地理学的本质是什么?

第二,中国文化地理学的本质是什么?在座的本土专家学者对于这部分内容想必比我更了解,所以我将从简讲述。

第三,文化地理学能解决中国正在面临的哪些主要问题?

第四,中国文化地理学如何对英美文化地理学的重构做出贡献?

接下来我会依次讲述。

首先,英美文化地理学的本质是什么?我想起著名历史文化地理学家大卫·利文斯通的一句话:“地理学没有永恒的形而上层面的内核。”即地理学可以被定义为无中心、无内核。地理学非常依赖于地方背景。一个地方的地理解释会与其他地方有细微的或者很大的差别。当今文化地理学理论渊源已由英美学术界所统治,提出的理论都是基于北欧、美国或者英国这些国家的背景。

那么在这些特定的背景下，文化地理学究竟是什么？美国加州大学伯克利学派的卡尔·索尔提出了文化景观的概念。

关于文化地理的研究，时至1980年代形成了新文化地理的转向。新文化地理学强调景观及其背后相互博弈的文化意义，以及文本分析。研究再往纵深发展，到1990年代，尤其是2000年以来，文化地理学更注重对非表征地理的研究，关注如情感地理及身体地理的主题。

依然有对英美文化地理的批判。

首先，晦涩的理论术语是整个学科的特征，因此学者只能在内部进行对话，却不能与社会和普通大众有很好的交流。

部分学者也表示，文化地理学所做的研究缺乏与现实世界的接触，太过依赖于文本，是一种象牙塔式的学术，缺少社会的实际应用价值。

（部分文化地理学者）不愿意参与政策问题的讨论，这主要有以下几个成因：首先，一些学者认为如果参与政策问题的讨论，则学者将会出卖自己的灵魂，因为研究的视角和方向都会受到限制，学者会被迫做出妥协，从而丧失独立性。另外一点关于"学术语言"，认为如果学者从事政策研究，就不会有理论上的贡献，而只能得出一些应用性的和非理论性的结论。再者，政策研究大多注重定量化的研究方法，这只能让注重定性研究的文化地理学在方法上进行妥协。另外，文化地理学者缺乏对于公共政策的参与也源于（政策制定者）对于地理学的误解。他们认为地理学就是关于岩石、土壤、气象的研究，很少懂得地理学家对理解现实世界的贡献，以及地理学家能够做什么，他们的观念能够如何被运用。

关于中国的文化地理学，由于时间关系，我准备跳过这部分。我认为中国文化地理学研究的主题还比较单调，只有少部分文化地理学者使用英文发表他们的研究。目前他们关注的是一些普通的主题，大多与农村景观、旅游、移民等有关。存在一个关注所谓"异类"的趋势，即对于作为主流的大多数人群缺乏关注。有相当一部分在中国进行的社会文化地理学研究关注的是中国的国际移民问题，而不是真正中国人的问题。中文文献的情况如何呢？过去文化地理学中文文献也是非常缺乏的，虽然近来情况变得活跃了一些。对于历史及文化地理学忽视的一个原因，在于对"与生产无关或关系不大的学科不感兴趣"。学界关注的焦点主要是住房经济、城市和运输中的经济问题，而不是文化主题。

从1980年代开始，文化地理学中文文献开始出现。对此在座的各位应该比我更加熟悉。但主要是以对文化特质、起源与传播的探讨作为研究的开端；另外，还有很多英文著作被陆续翻译过来。到了1990年代，中文文化地理研究的一些关键主题仍在延续，如对宗教语言、婚礼礼仪等的描绘，属于区域文化地理学范畴。这样的例子还可以举很多。

进入二十一世纪以来，我想你们能看到两个主要的流派。一派使用更加传统但依然有效的方法以及经典文献来理解区域文化地理。但是还存在另外一个流派，他们在方法上跟随英美地理学的“文化转向”，对于空间的过程做出文化解释，研究文化生产的空间等。两种方法并存，第二种方法近些年用得更多一些。

我比较感兴趣的是，文化地理学可以帮助解决哪些中国目前所面临的紧迫问题。我认为，其中的一个挑战是不照搬西方地理学的理论，不把从西方背景中提出的研究问题直接套用于中国本土。因为西方国家与中国、新加坡和其他国家拥有不同的背景。我们社会所面临的问题不同于那些西方国家所面临的问题，所以照搬他们的理论不是那么必要和合适。我们应该关注自己的社会、历史和发展，应该问问自己，在我们的文化和社会里什么是重要的。关于中国这个环境，在座的各位比我了解得多，但我斗胆建议几个比较重要的、需要关注的焦点问题：农业改革、经济改革、城市化、城乡移民、社会不平等现象，以及家庭结构的变迁和环境变化等。

我们应该怎样面对中国的条件和背景，应该怎样提出对这个社会和文化关系重大的文化地理方面的问题？首先，如你所知，第一场成功的改革是农业改革，它是基本经济改革最重要的成就。所以我们要问问自己，在二十世纪九十年代和二十一世纪初，农业改革所面临的主要挑战是什么？农业增长缓慢、谷物价格降低、城乡收入差距拉大、资本从农业流向工业、食品安全问题，等等。这些都是非常重要的问题。许多问题已经从经济方面得到了解释，但是我们可不可以从文化地理的角度看待这些问题？比如：西方国家的农民是怎样吸收先进农业技术提高生产效率的？为什么有些人愿意接受改变，而另外一些人却不愿意？为什么有些人可以接受食品的多样性而有些人却不愿意？为什么有些人可以接受食用一些动物而有些人却不能？还有一些关于人类和环境的伦理问题，这些都属于文化地理的范畴。

接下来的主题是经济改革（由于时间关系，我需要讲得快一些）。经济改革自然与经济地理相关，但也涉及很多文化问题。例如，文化怎样改变经济？为什么有些产品在某些地方的市场上比其他地方要成功一些？这些都是很平常的消费文化问题。

也有许多关于城市变迁的文化问题。城市变迁的原因有很多，一般是由经济、社会和政治的原因导致的，例如外国资本投入的增加、房地产的私有化、人口的流动和国家权力的作用。同时，在城市变迁中也有许多文化问题出现，例如城市景观的象征意义，历史文化遗产的保护，保护什么、如何保护、遗产保护对人们有什么意义，它是否被当地人利用，这对他们意味着什么。公共空间和私人空间的概念，等等，这些也都是文化问题，对于什么是可以分享的公共空间，在一种文化背景中与在另一种文化背景里有完全不同的理解。在不同的文化背景中人们对于空间的意义具有不同的解释。

接下来的主题是城乡迁移，其中同样涉及许多文化问题。例如，本省和大城市之间的冲突、迁移中的性别问题、少数民族迁移到多数民族地区后遇到的困难、蚁族新移民现象以及他们如何适应。这些都是常见的社会和文化问题。

家庭结构也在发生同样的变迁，所有种类的社会文化内涵都值得社会文化地理学研究和关注。在一个文化和社会价值观变迁的时代，代际关系的性质如何？抚养的负担有多重？谁有责任负担老龄人口？国家、社区，还是家庭、个人？在许多西方背景中，个人责任被强调；在许多亚洲国家，家庭责任、社区责任被强调。像宗教团体这样的社会组织，在其中发挥怎样的作用？

接下来的主题是环境变迁。环境变迁的社会和文化根源是什么？中国传统哲学中人与环境的关系是什么？它们与西方思想中对于人与环境关系的思考有何不同？这些问题都有着文化根源和社会涵义。中国可以为国际文化地理学贡献自己的理解。

现在让我们来思考中国的文化地理学在英美文化地理学重构的过程中如何发挥重要作用。我想从三个方面来考虑。首先，有意识地进行再理论化和对本土理论的建构。许多文化地理理论来自西方，由于环境和背景不同，这些理论有时在这里不适用，当然也包括在世界的许多其他地方。然而很多研究却试图把这些理论强加于本土环境。我们真正要做的就是观察我们自己的社会和自己的文化中正在发生什么，从而构建自己的理论。这将在实际上有利于重塑国际地理学和理论思维。例如，我们需要思考中国文化、佛教文化、儒家文化对自然的文化解读。人与自然的关系可以有多种，我们可以贡献不同的理论。其次，我们应该重新实现社会效应。你们应该记得我在演讲的第一部分提到新文化地理学有时过于理论化，而对于人们在日常生活中面临的真正问题有些疏于考虑。我们所做的工作要对我们生活于其中的社会有所贡献，这一点非常重要。所以当我们用文化理论去解读紧迫的社会问题时，要记住这并不只是为了我们自己，而是为了我们身处其中的社会和共同体。

最后一点。西方的文化地理研究使用定性方法比较多，这是好事，但是仍有许多机会可以发展和使用定量研究方法。例如在中国，GIS 方法取得了较好的发展，在文化研究中的运用也非常重要。

很抱歉，由于时间关系，我就讲到这里，但我非常乐意回答诸位提出的问题。我在这里结束我的演讲，也为我演讲中的不足道歉，谢谢你们的倾听。）

特邀评议

主持人朱竑:谢谢 Lily Kong 教授的精彩演讲,下面请点评人周尚意教授对 Lily Kong 的演讲进行五分钟的点评,掌声有请。

周尚意:江教授是我非常敬仰的一位女学者,她不但学问做得好,而且在行政管理上也游刃有余,能把两件事情都做好的学者,就是一个大学者。只有在更高的视野上看学科规划,学科才会更好。

我和江教授是笔友,自李小建教授介绍我们认识之后,我们通过邮件有多次联系,这次感谢朱竑教授给了这样一个机会,能让我们相见。这次有缘见到江教授,对我来说,对我今后写学术回顾,是一个事件;而能把一次相见变成一个事件,应该有一个非常大的碰撞,不管是吵一次架,或者是一次浪漫相遇,一定要有碰撞。江教授的一席报告已经让碰撞产生了效果,因为她把西方英文世界的文化地理学与中国的文化地理学做了一次比较,在比较的过程中,碰撞的感觉就已经出来了。

江教授认为中国文化地理学的发展在学术理论探索的趋向上和英文世界的文化地理学有明显不同,中国文化地理学和她所列举的一些发展中国家文化地理学有一定的共通性,就是与国家的呼吸好像是合在一起的,比较关注当下和身边的问题。

江教授在肯定(中国文化地理学)学术关注的过程中,也指出了目前中国文化地理学借鉴西方理论和概念的时候,只是一个简单的罗列,还没有真正体会到那些概念背后的学术脉络是什么,我们不知道那个脉络延展出来必须有这样一些概念,才能将学科往前推进。我们更多地只是在追随主题词,而不是机制的研究。

我还注意到江教授的报告,正好与前一段时间国家自然科学基金委冷老师做的一项工作是有关系的。冷老师他们做的工作是梳理学科的关键词,关键词我认为有两类:一类是地理学分析思路方法的关键词。还有一类是研究主题的关键词。刚才江教授报告中列了很多研究主题的关键词。我认为更重要的是我们沙龙始终有一个理想,保继刚教授说我们有一个理想,是理想,还不是梦想,更高雅一点说,理想就是要回归到学科的本位上:当我们面对公众的质疑,面对政府或者是社会实践的时候,当我们这个学科和其他学科站在一起的时候,我们能够提供一些什么独特的东西?不要说打仗,就是在操练的时候,别人打"太极拳"

了，我们是不是就只能打一个“简化太极拳”？如果是那样，我们的地位就没有了。我们也应该有一个自己的“咏春拳”，当近身搏击的时候，我们可以出拳快捷，我们应该有自己的招数，这样我们的学科在学术殿堂中才能拥有独立的位置，才能满足社会对我们科学家的需要。

自由讨论

主持人朱竑：谢谢周老师的精彩点评，前五届沙龙我们都是关起门自己讨论，（我们从来没有把林初昇教授当成外人）。这次我接了这个活儿以后，一直在努力思考，希望能做出一点不同之处，希望能做一些从窗户外面看窗户里面这样的尝试。江教授的演讲给了我们很多很好的启发，在广东，以前我们认为吃一点儿野味是对贵宾最好的招待，花钱又多又能表达心情，但是我们从来没有考虑过这里面存在食品安全的问题。从研究的角度来说，我们还有很多新话题需要去关注。

下面进入讨论环节，请各位专家进行点评或提问。

刘卫东：大家好，我是来自中科院地理所的刘卫东，刚才听了江莉莉教授的讲座，有几点感想和大家沟通一下、分享一下。实际上，在过去的二十多年里，在中国，广义的人文地理学包括经济地理、城市地理、文化地理，等等，做学问、做研究存在两种极端的倾向：一种是我们就做中国实践的问题，埋头做中国实践的问题；另外一种就是紧跟西方学者，做一些满足他们需要的研究。两种倾向是非常明显的。

今天莉莉讲的对我们非常重要，我们已经到了对中国的人文地理现象，或者说总体的地理现象做出我们自己解读的时候了，我们要从两种极端的情况走向中间道路，这个道路就是我们非常希望拥有的一个中国的人文地理学派，只有这样我们在世界上才能够站出来。我非常同意莉莉刚才讲到的我们不能简单地用西方的思维、理论、概念来解释我们中国很多的地理空间现象，因为我们知道，我们做研究有非常深的价值观在里面，我们认识每一件事情最后从根本上是我们文化的思维和不同点在起作用。文化就像空气一样弥漫在我们周围，但我们从来不以为它存在，这就是我们做学问和西方人不一样的地方，别人从外面看我们有特殊的地方，我们生活在这个空气中，从来不觉得有什么不同之处。我们通常对很多事情做理所当然的理解，其实这才是值得我们研究的。大家可能需要挖掘我们研究背后，我们空间变化背后更深层次的东西是什么。这是一个方向，我认为这是莉莉今天给我们最大的启示，从我们自己的角度来解读我们自己的事情。

第二点感想是，如果说五年之前或十年之前，我们想做一点有中国自己特色的东西拿到外面发表是很难的——因为别人有他们的价值观，有他们的 frame(框架)，我们要发表的东西必须符合他的 frame，否则就不给你发表；那么现在的情况不一样了，因为中国崛起了，西方很多学者特别希望了解中国的情况，所以现在大家的机会来了，在座所有的学者和学生们，应该勇敢地到外面去发表具有我们自己研究特色的东西，这可能是莉莉给我们的第二个启示。

第三个启示，从经济地理学的角度来讲，在过去的十几年、二十年里，我们经济地理学有一个 culture turn(文化转向)，这给我们一个什么样的启示呢？我们的文化地理或社会文化地理研究，应该作为一个解读经济空间变化的工具，当我们挖掘最深层的东西时，离不开对文化地理和对社会现象的解读，只有这样才能对于过去三十年我们的空间变化为什么会是这样，获得更深入的理解。简单说这些，谢谢。

主持人朱竑：谢谢卫东教授。

陈雯：我是南京地理所的陈雯。今天这个报告非常有意思，向我们提出研究中国实际问题的一个重要性，我们在科学院一直针对实际问题做研究，也强化了我们这样的意识。刚才卫东也谈到，我们自己本身是做区域经济的，我们在做这方面研究的时候也发现文化性格实际上对区域模式有很大影响，比如温州模式、苏南模式，也包括我们可以看到的晋江模式，实际上很多方面都是文化个性在里面起作用，所以这里面我们也会加入一点文化精神内容，请一些文化人来帮我们剖析地方精神特质这方面的内容。我也很有感悟，文化和经济可能是密切联系在一起的，这方面的研究可以有更多的启示，文化可以促进经济发展。

主持人朱竑：谢谢陈雯教授。现在女性主义地理学已经成为文化地理研究的重要领域，我们希望多听到女性的声音。下面是南京大学的张敏副教授，雪藏了很多年，这是我们第二次见到。

张敏：非常荣幸能在这个场合面对面地聆听江莉莉教授的报告，得到非常好的启示，在座的各位学者也一定非常深刻地感受到了文化地理学研究的价值和意义。但是我想，有点悲哀的是，文化地理学得到大家的关注，实际上是在经济发展需要的当前趋势下才显现出来的，尤其是在中国，现在大家提到产业发展向文化转向，文化才被引入政府、经济界以及学界关注的范畴当中。我认为其实这远远不够，文化不仅仅是发展的要素，不仅仅是经济研究到最后觉得还有一个文化，我想文化本身就有一个更大的框架，在人文地理学范畴当中，文化地理要做得特别多，像江莉莉教授提的很多建议，都值得我们脚踏实地去做。

我现在比较困惑，文化地理的 frame 到底是什么？一不小心就跑到社会地理，一不小心又到城市地理或是历史地理，有时候我也经常提醒自己，但到最后又在想，我们是不是一定要划定非常明确的界线，当人家问你是做什么的时候，回答我是做文化地理的。文化地理到底是什么？是否一定要划定界限？在做研究的时候，应该是综合的还是单纯的？如果很综合就容易让自己变得庞杂，不能形成鲜明的学术路线，也不能对文化地理有突出的贡献；但如果很"专"地去做，又容易与当下的实际应用无法关联起来，这是我的困惑。

我觉得，人文地理学沙龙每次都把文化地理放在很突出、显著的位置，我非常欣慰，也非常开心。

主持人朱竑：请江莉莉教授回应一下。

Lily Kong: Thank you for the comment. I think it is really a very good observation in comment. Possibly, maybe not every body agree with me, but possibly, I don't tell very much about whether something is culture geography or urban geography or social geography, because these are all human creations. We have put boundaries around ourselves . What we need, the important to me is the phenomenon of there, that is affecting us, that is affecting people around us, and that is affecting society and community around us. And we want to understand the phenomenon. By putting labels around ourselves, it might help our understanding not hinder our understanding. So if we try to understand the phenomenon, and we say well, this is where culture question stops, and this is where social question starts, I think that our understanding of the phenomenon will be partly.

When we put the labels around ourselves, it is to remind ourselves there is a culture question here,let's think about the issue, it's a cultural and the urban overlaps or the cultural and social overlaps. That is why in my own department for example, some of my colleagues will say I'm a professor of economic geography, or I'm a professor of physical geography. I tend to say I'm a professor of geography.

（译文：

江莉莉：非常感谢对我的点评，我认为这是一个很好的观察视角。或许不是所有人都认同我的说法，但是，我不会太关注哪些东西属于文化地理，哪些属于城市地理或者社会地理，因为它们都是人类的创造物。对我们来说，重要的是现象的发现，那些真实的现象，它影响着我们自己、我们周边的人，影响着我们的社会和共同体。我们想要理解这些现象，因此给我们周围的事物贴上不同的标签，但这是为了更好地理解这些现象而不是阻碍我们理解。因此，当我们理解这些现象时，如果我们说这属于文化问题，那属于社会问题，那么我们对现象的理解就会不完整，我们的理解就会是片段性的。我们给周围的事物贴标签，是为了提醒我们这里存在一个文化问题，让我们来思考一下这个问题，（而实际上）文化问题和城市问题，或者文化问题和社会问题，从来都是叠合在一起的。这也正是为什么在我的部门，我的同事们有人说自己是一个经济地理学家，还有人说自己是一个自然地理学家，而我则通常都会回答：我是一个地理学家。）

主持人朱竑：谢谢江莉莉教授。刚才听到各位的点评和提问后，我突然想起张秘书长说过我们应该有一个行动计划，过完年我准备去赚点钱，再跟江莉莉教授商量一下，希望在明年，至少在华师搞一个小型的文化地理研讨班，到时候我们想吸引三十名左右的国内青年学者（四十五岁以下都是青年），希望青年学者能在一个小型的 workshop 里继续把相关的话题讨论清楚，我到时还要与江莉莉教授谈，看我明年能赚多少钱，冷处长也在，我们也想争取一些基金支持。

第二点，刚才刘卫东教授说文化地理越来越成为经济地理的工具，这个观点我有些不同意。

刘卫东：我是说理解经济空间变化。

2. 中国的崛起及其对人文地理学研究的机遇和挑战

林初昇

（香港大学社会科学学院）

主持人朱竑：下面进入第二节，有请演讲嘉宾林初昇教授，点评人是刘卫东研究员。林初昇教授大家已经很熟悉了，就在今年，2011年11月11日，香港大学校长给林初昇教授打了一个电话，说您已经成为香港大学的讲座教授。香港大学的讲座教授是什么概念呢？目前香港大学1000多名教师中只有六十多名讲座教授。今年有三十多名在全球竞聘，很多人在*Nature*、*Science*上面发文章，被引用几万次，这样三十多名里只有五名胜出，林初昇教授是地理学者胜出的第一位，这是我们的荣耀。我记得2008年林初昇教授参加北京地理所的人文地理沙龙，他谈到在学术研究过程"play with word or play with number"，给我们以非常深刻的启发，当时还有王思军（音）教授的"宠物狗"和"野狗"的争论，也给我们留下了深刻的印象。

林教授的研究在全球人文地理界是非常强有力的声音。我记得以前周一星教授曾经评论过，从中国大陆出去学习人文地理、造诣最深的人里面，林初昇教授名列前茅。下面有请林初昇教授。

林初昇：我们说盛名之下，其实难副。很感谢朱校长给我这么高的荣誉，也很感谢张国友秘书长对我们人文地理学研究的支持。

我今天想跟大家分享的题目，叫做"中国的崛起及其对人文地理学研究的机遇和挑战"。在座的各位都是专家，看看这个题目，如果有一个博士研究生找你说老师我想博士论文做这个题目，你肯定会说这不是你应该做的题目，因为这个题目没有准确答案，存在很大的争议性。但我相信这个题目在人文地理沙龙这样一个引起碰撞的平台上提出来讨论，比较合适。

首先我们来看中国的崛起，我们关心的不是今天的中国在世界上究竟处在多重要的位置，我们关注的是中国的崛起这样一个过程有什么特征，这些特征对人文地理学的研究意味着什么。

我想强调三个显著的特征：

第一个特征,中国的崛起,我们的经济显然是国际化了。这个图(指作者现场的ppt文件,下同)是我对我们国家地级以上城市经济中出口总值占GDP比重所做的分析,大家可以看到,从2001年进入世界贸易组织以来,中国的城市经济显然迈向了加速国际化、全球化的过程,出口总值占GDP的比重在2006年以后超过了50%。这个图表征我们国家地级市经济中外来直接投资占全社会固定资产总投资的比重。这个很有意思,随着我们国力的强大,我们对外资的依赖程度在下降,我们的生产是以出口带动,但是我们的投资在慢慢转向依赖我们自己。

第二个特征,我们的国家和社会在不断分化。我对广东城乡居民的平均收入做了一个分析,很显然,收入差距在拉大,我们的社会越来越不稳定,土地开发、城市建设引发的社会不满和动乱随处可见。这些图表现的是发生在郑州、重庆、汕尾、饶平的社会动荡。今年一月二十四日温家宝总理到北京信访局听取民众投诉,八个投诉里有五个跟土地开发和城市建设有关。

第三个特征,是我国整个空间的转型存在很有趣的前后叠加。八十年代的农村工业化和城镇化,九十年代以后以大城市为核心、以土地开发为基础的城市化,以及2001年加入世界贸易组织后国家加速国际化和城市化,三个空间的特性相互叠加。

中国崛起的这样三个特征对人文地理研究有什么意义呢?我们知道,人文地理学研究的一个核心问题是人类活动的空间分布,它的成因和它的效果。研究的载体是文化景观的形成和转型,这是一个很重要的自始至终的命题,也是江莉莉教授刚刚谈到的,是人地之间的互动。

中国崛起究竟对我们人文地理学提出了什么新的命题?我觉得在三个方面,中国的崛起和人文地理学的研究在逻辑上挂得上钩。

第一,刚刚江莉莉教授也谈到,人文地理学现行的理论都是借鉴欧美和西方的经验,并没有把中国元素考虑在里面,中国崛起使得现有的理论变得不完整,因为很重要的元素没有考虑在里面。这是中国崛起为什么和人文地理学研究挂得上钩的第一个方面。

第二,中国正在经历工业化、城市化和初始的资本主义,成为人文科学、社会科学检验现有理论和方法的宝贵的实验室。自然科学研究都要到实验室做实验,人文科学、社会科学的很多理论是没有办法到实验室检验的,当今中国的崛起,给我们提供了一个最大、最宝贵的人文社会科学实验室。

第三,从历史上我们可以看到,十八、十九世纪整个世界经历了殖民主义时期;二十世纪是各国的民族独立;二十一世纪开始是全球化,其中包含中国的崛起。历史由殖民主义走向民族独立再走向全球化,这个趋势使得建构一个完整的人文地理学理论和研究体系,由梦想变成了现实。

我很认同大家的观点，我们不应该盲目将西方的理论应用到中国，但也应该避免另外一个倾向，即样样强调中国和别人不一样。我们应该迈向一个更高的台阶看问题，我们应该构建一个全球化条件下人文地理学完整的理论体系，这个梦想是可以实现的。

剩下的时间我想谈谈中国崛起对人文地理学提出的八大挑战：

挑战一：气候变化，特别是极端气候的人文地理学。

现在大家讨论气候变化时关心的命题都是人类活动怎样影响气候，以及京都条约、哥本哈根条约，等等，都是关心人类活动对自然环境的影响，却忽略了另外一个很重要的命题，即气候变化对人类活动、文化变迁的影响。而中国的崛起给我们提供了一个非常宝贵的机会。我们是一个文明古国，中华帝国古代的朝代更替，大家都知道有一个循环的规律。这个图是历史学家对中国古代几千年的朝代更替规律所做的研究。古代战争有两种，一种是汉族和外来民族的战争，另一种是农民起义。对古代几千年的战争频率做分析，大家可以发现存在一个很有趣的规律。这个图反映了古代的战争频率、国力强弱、人口大小三者间很有意思的关系。

这个图反映了北半球地表在最近两千多年的气候变化，这两者间有什么关系呢？最新一期的美国科学院院刊(*PNAS*)发表了香港大学的一个研究团队——章典教授所带领的研究团队——把这些关系联系在一起的一个研究。

最上面的 a 代表北半球地表气温异常的极端天气，b 代表中国战争和农民起义的数量，c 代表华北、华中、华南的战争数量，d 代表中华帝国的王朝更替与人口大小的变化。

大家可以看到，气温越低，战争和农民起义的频率就越高，导致了中国朝代更替。在欧洲，欧洲气温跟文化兴衰之间同样存在显著的关系。人文地理学研究文化，研究人地关系，那么气候变化与人的文化活动究竟存在什么样的关系？我觉得这是第一个挑战。

挑战二：大家都在讲新自由主义的空间表征。新自由主义都强调资本、土地和劳工的私有化是一个经济和社会发展转型的必要条件，这在中国是一个什么样的情况呢？我对我们国家 2001 年、2004 年、2008 年的经济普查做了一些分析，结果如图，这是我们国家外资企业和港澳台企业在空间上的分布，大家可以看到，这些企业非常集中地分布在中国的极少数地区。这是港澳台的投资，同样高度集中。我们的国营企业在 2001 年只占到半壁江山，到 2008 年还在不断萎缩；这个图是我们国家内资的私营企业和个体经济，大家可以看得到，与国营企业刚好相反，国营企业不断缩小，个体企业却在不断扩大。更加重要的是，现在统治中国的空间经济，既不是国营企业也不是私有企业，而是混合所有制企业。

详细分析可以发现，个体和民营企业主导着我们国家的劳工市场，这个图中的红色代表我们国家私营企业在劳工市场中的比重。当然，我也分析私营企业在资本市场所占的比重。现在的基本情况是个体和民营企业主导着中国的劳工市场，但是混合转型企业主导着我们的资本市场。换言之，我们走的是一个劳工市场私有化但是资本市场混合化的很特别的道路。

私有企业并没有像新自由主义所预想的那样成为劳动生产率和资本生产率最高的经济实体，我们国家的私有化并不是经济转型的必要条件；相反，是受制于经济和社会的转型。这种关系对人文地理学研究的存在意味着什么？这对现行的新自由主义提出了挑战。

挑战三：城市景观。我们学过城市地理、人文地理，教科书里都讲典型的城市景观呈现由市中心到郊外随距离而衰减的一个规律。这个图表示一个典型的城市景观，在一个市场经济条件下应该是这样，市中心高楼大厦，朝向郊区有一个随距离递减的情况。

我们国家的情况是怎样的呢？根据吴缚龙和叶嘉安的研究，我们国家的城市走的是市场经济和计划经济的双轨制，上面代表计划经济活动的空间分布，下面代表的是市场经济。根据吴缚龙和叶嘉安的研究，我们的城市景观是相互叠加的城市景观。

这个图是我跟UBC的何宝山教授对广州所做的研究。一个城市的景观理论应该怎么概括？显然西方的理论是不完善的，这是第三个挑战。

挑战四：在全球化的条件下，人口流动性的增加跟人的社会身份的构建和转变的关系。英文叫做identity，是人对自己身份的认同。

传统的理论认为我们人的空间活动，甚至我们的聚落的选择和安排都是由我们的身份决定的，中国人到国外住在什么地方？中国人到温哥华，往往住在唐人街，意大利人到纽约住在Little Italy 。Identity决定你的Mobility，在全球化的今天，我们的Spatial Mobility在不断增加，像我，拿的是加拿大护照，又是中山大学的毕业生，我又是潮州人，也是香港的永久居留公民。我碰到香港人说我是香港人，我碰到李嘉诚说我们是潮州人，碰到保继刚教授说我们在中山大学是师兄弟。由于Mobility增加，使得我们不停地改变我们的Identity。我很高兴看到朱竑校长带着他的研究团队，对城市外来人口的地方感和对地方的认同究竟是什么样的状况所做的研究。这是很值得研究的课题。

挑战五：中国的政治生态学。社会越来越不稳定，因为土地开发、城市发展带来了社会不安，这种现象的政治和社会根源究竟是什么？现有的理论多数都把它归纳成产权的不明确，但是我觉得我们从人文地理的角度应该着重在社会和政治的根源方面进行探索。

挑战六：城市的社会地理学。城市的内部空间有什么分化？

挑战七：语言文化地理学。这也是我非常喜欢的。我们讲到文化不外乎两个，一个是语言，我们从小学习如何做人，从跟父母学，到幼儿园人家教我们，大家都是用语言教，所以语言地理学在文化地理学中是最根本的；当然还有一个是宗教地理学。

挑战八：空间不平等地理学和非均衡区域发展地理学。区域不平衡，它的原因、结果跟尺度间存在什么关系？

做一个简单的结论:中国崛起不仅为中国的人文地理学,而且为全世界人文地理学的研究提供了非常宝贵的机遇和很多挑战。我这里只提出了八大挑战,我建议我们的人文地理学家一定要走出国门,走向世界,一定要贴紧最新的理论进展,坚持扎实的实证研究。

三十年前我们华南地理学的先驱钟功甫先生以他敏锐的视角捕捉到了珠江三角洲"桑基鱼塘"独特的人文景观,加以归纳和演绎,向世界推荐,引起学界对中国人文地理学的重视。三十年前的中国和三十年后的中国显然不可以同日而语,现在的中国在世界舞台占有举足轻重、举世瞩目的地位。钟功甫先生三十年前能做到的事情,我们没有理由在三十年后的今天做不到,否则人就变成猴子了。我们应该承上启下,继往开来,共同缔造人文地理学复兴的新纪元。谢谢。

特邀评议

主持人朱竑:谢谢林初昇教授的睿智演讲,他的每一次演讲都让我们醍醐灌顶。自从做了讲座教授,我们感觉林初昇教授的气质和透露的信息完全不一样了。因为以前我们从来没有用这样的视角去回看我们的历史和全球变化等,他把这些我们原来认为跟人文地理学关系不大的方面都整合到了一起,我是非常受启发的。下面请中国人文地理学"杰出青年"基金获得者刘卫东教授做点评,掌声有请。

刘卫东:正如刚才朱竑校长讲到的,每次听林初昇教授讲都很受启发,他给我们一个很大的 push,这一点与江莉莉教授是一样的,都希望我们中国的人文地理学能够走向世界,勇敢地走向世界,这点大家充分感受到了。

我觉得林初昇教授讲的非常重要,过去三十年里全球发生的最大变化就是中国的崛起,因为我们崛起的速度实在太快了,我们用了不到三十年的时间走过了别人可能一百年所走过的道路,这给世界带来的影响是非常巨大的。各种各样人的评论或者最近几年到中国访问的人的感受都体现了这一点。我接待的外国朋友特别多,最近接待的这几批外国人都有一个感慨的想法:过去西方人的学术研究是基于他们自己的 value 和 culture,是两百年的 value 和 culture。他们认为,包括最近发生的欧债危机和美国发生的一些问题,打破了他们二百年来非常自豪的文化和价值的东西,他们在反思自己的东西,同时也在看中国的情况,现在全世界大部分学者的目光都放到中国这里,给中国的地理学,特别是人文地理学带来了非常大的机遇。

刚才林教授讲到的八个挑战和机遇对我们来说非常重要,这个机遇分成两部分,一部分是中国的崛起彻底改变了世界格局,改变世界格局以后,我们有很多东西需要研究,从来没有一个大国像中国这样不关注别的国家,这一点非常遗憾。三十年前我们还有世界地理、外国地理,但是为了追求眼前的一点增长利益,我们全都扔掉了,现在中国作为一个大国,如何恢复对别的国家的关注和研究?我认为这是一个非常重要的问题。这一点对所有的中国地理学者都是一个挑战,我们应该去理解这个东西,世界格局因我们而改变,我们要去了解世界。

另外一个机遇和挑战,就像刚才林初昇教授讲的,被很多学者、全球的学者所关注,我们成了全球的大实验室,我们发展的速度这么快,所有的理论、概念都可以到我们这里进行检验,看看是否成立、是否需要修改,这也给我们提供了很大的舞台和机遇。

我再次表示同意林教授的观点,中国学者要勇敢地到外面的舞台上发表自己的文章,发表看法,多参加国际会议,多发表英文文章。这是第二点。

我想回应林初昇教授讲的第三点,我们既不能简单应用国外的理念和概念,又不能一股脑地全部抛弃,我觉得中间道路是非常正确的,或者叫“修正主义”。过去讲修正主义是“坏”词,现在看未必是“坏”的。我们要能够用中国现实的情况去探索西方理论,并做修正,这是很重要的方面。作为知识的构建,我们不可能把别人构建的知识一股脑抛弃,然后重新建立一个知识体系,那也是不大可能的。或许再过一百年,中国像美国现在这样在全球占主导地位以后,中国的文化在全球占主导地位的情况下,我们可能会有自己的东西,但是近期做修正主义比较好一点。这一点林教授讲的是很对的。

最后我想强调一点,刚才我在江莉莉教授的讲话之后也谈到,其实中外学者研究的视角是非常不同的,从 inside 和 outside 看到的是完全不同的,我们所要做的是挖掘过去理所当然认为不需要考虑的事情,比如文化的事情,我们过去觉得不需要考虑,觉得我们就是中国人的文化,我们就坐在这里,就生活在这里,我们呼吸的空气就是这里的空气。但实际上有很大的不同,比如家庭观、价值观如何影响我们的经济生活?比如我们的政治体制、政治制度如何影响我们的经济生活?我们的社会结构如何影响我们的经济生活?这些东西都值得我们往下做深一步的思考。以前我们关注的都是很直接的因素,对于这个因素之下更深入的东西还没有认真思考。而国外学者关心和看到了这些东西,但是他们的现实体验又没有我们深。

所以,最近我们和中科院的一个海外特聘教授——他原来是 *Regional Studies* 的主编——想编一本书,把我们中国学者所做的研究,过去三十年发生的巨大的空间变化背后的东西,用中国学者的视角,原汁原味地介绍给海外学者。我们很希望把这本书作为中国学者三十年研究的东西介绍到国外，我想这是第一步。我想在座的所有人文地理学者今后都应该有机会到国际舞台上展示我们，首先要有自信心，展示我们的研究。我非常感谢林初昇教授在这里给大家的push，我也希望利用未来五到十年的时间，让国外学者更多地了解我们中国的地理学，中国的人文地理学，希望做出我们的特点、特色，希望我们的人文地理学学派能够在外面叫响。谢谢大家。

自由讨论

主持人朱竑：谢谢卫东教授的点评。有几点我也深有感触。

第一，中国的崛起已经改变了全球格局，也给我们中国人文地理学者提出了很多新的话语，年轻学者经常觉得找不到题目做，其实学问就在身边，只要改变视角，去思考身边看似不是学问的东西，我们就可能做出好的学问。这是第一点。

第二，中国有五十六个民族，有这么大的土地，很多东西如果我们不研究，就会被国外学者占领。科罗拉多大学地理系主任长期研究我们中国贵州的苗族，发表了一系列能够引领全球文化地理学发展的新著作，他自己还会讲苗语。试想我们中国的人文地理学者哪一个跑到贵州做那样的事？不要说苗语，贵州话我们都听不懂。这也是一种危机。在全球化这样的背景之下，我们要觉醒。我们身边的事情都不研究还如何研究国外的话题？这也是一种讽刺。

刚才很多教授都提到走出国门、走向世界的话题，很多像我这样的“土鳖”最大的问题是语言问题，走到国外老是害怕自己的英文不够好。

刘卫东：他们的中文其实还不如你的英文。

主持人朱竑：是啊。另外想强调的是，我们看看那些舞台上的日本学者，他们的英文我们根本听不懂，他一边擦汗，一边阐述。所以我们中国人文地理学者要走向世界，应该向日本学者学习，虽然英文很差，但是敢于上去讲，只要把PPT做好就可以了。

下面有请北京大学的柴彦威教授。

柴彦威：听完林初昇教授的讲座我很受启发，也有一些思考。这八个挑战解决了，我们的中国模式、中国学派是不是就能够建立？我觉得不见得。刚才卫东说可能近期要坚持修正主义，我同意，但也要同时立足，或者说开始着手构建中国模式。

听了刚才江教授的讲座我也有反思，到底是中国的文化落后了，抑或是中国的文化研究落后了，抑或是中国的文化地理学研究落后了？之所以提这些，是因为我觉得有这样的问题需要反思。

方创琳：今天上午能够听到两位大家精彩的演讲，感觉很荣幸。因为是一个沙龙，所以我以请教为主。刚才柴教授也提到了同样的问题。林教授讲到八大挑战，这八大挑战是不是未来研究的八大重要方面？讲到了挑战，我们中国人文地理学在全球化的背景下，有没有机遇？或者有什么样的机遇？请林教授给我们介绍一下，请林教授从你的视角介绍一下，我们需要看到希望才行。

主持人朱竑：林老师，你愿不愿意把机遇告诉他呢？

林初昇："危"跟"机"是联系在一起的。哈佛大学商学院经常说做生意有"危"就有"机"，没有"危"就没有"机"，所以挑战和机遇是并存的，就像一个硬币的两面，是并存的。举个例子，比如气候变化和人类文化的关系，这本身就是危机性的，但现在大家关注的都不是这个东西，你想要拿到*PNAS*上发表，很多专家都不认同。但有意思的是，很多做科学研究的人，心胸很开阔，能够容纳对于现有理论的挑战，做根本不一样的东西。

当大家都在讨论人类社会怎么引起气温变化，大家的大主题都在谈这个东西的时候，*PNAS*能够以头版头条发表一个与此完全相反的研究成果，而且是地理学的研究，人文地理的问题：气温变化对于中国朝代更替究竟存在什么样的关系？这本身就给我们树立了一个非常好的榜样。其实这"八大挑战"也是"八大机遇"。当然，这八大挑战解决了是不是中国模式就建立起来了？答案是否定的，因为我们的每一个目标、每一个学术研究都是在探索一个未知，而探索未知的结果能够给我们带来一个什么样的好处，最后我们都不考虑。我写了几十篇文章能不能做中国科学院的院士？我觉得一个认真的学者是不会考虑这个问题的。

刘卫东：我想补充一点。大家都在谈以后中国的模式，但这个模式怎么才能建立起来？要靠我们每一个人踏踏实实地做好研究工作。如果今后十年我们在全球能发表很多篇文章，而且被人家引用，这个模式自然就出来了。就算我们天天讨论我们要建一个模式，而没有踏踏实实的研究和 paper，就永远不会有这个模式，大家要靠自己踏踏实实的工作和 paper 来建立这个模式。

Lily Kong:我觉得中国的文化一点也不落后,就好像卫东刚才所讲的,我们的文化是好像我们在呼吸一样,我们应该找出我们文化的特点去做研究,现在我们是把文化当作理所当然的。我觉得我们的文化一点都不落后,只是我们的文化研究可以再加强。

主持人朱竑:谢谢。昨天我们在华南师范大学座谈的时候,宋老师讲了一个论点,他说北方的地理学者,更多是与自然地理学相联系,自然地理学强的多数是北方的学者;南方比较热,社会活动比较活跃,所以南方的人文地理会比较强。这是昨天我们很受启发的观点。

刘卫东:这是地理环境决定论。

主持人朱竑:在刚才林老师的介绍里,中国的朝代更替跟气温变化是有关系的,我深以为然。大家想一下中国近代史,北伐战争是从广东起来的,太平天国也是从广东起来的,改革开放还是从广东起来的,都是因为"太热"的缘故。我想以后呢,随着全球的变化,我们的学者应该根据自己地区的特点,做出自己精彩的研究。

3. 中国人文地理学发展的反思

张 小 林

（南京师范大学地理科学学院）

主持人朱竑：下面请第三位演讲嘉宾张小林教授，中山大学李郇教授做评议嘉宾。其实我们希望张小林教授讲讲聚落地理或者乡村地理，因为他长期在做乡村地理研究，但是他报了“中国人文地理学发展的反思”这样的题目。我们很困惑，我觉得中国人文地理界对乡村地理的关注比较薄弱，我们希望与国际接轨的有关乡村的研究成果能够越来越多，但是在乡村地理的基础上，能够对人文地理学发展有新的反思的研究我们也是欢迎的。下面掌声有请张老师。

张小林：谢谢本次沙龙给我一次机会。前面两位教授做的报告，给我们大家带来了很大的自豪感和自信心，给所有的人文地理学者带来了很大的自豪感。江莉莉教授提到了中国的文化地理学怎么给英美文化地理学重构做出重大贡献，林教授又提了中国的崛起对人文地理学提供的机遇和挑战。我提的这个问题，我感觉有点给大家的自信心浇冷水。我在做人文地理学的过程中，一直在困惑和反省，同时思考在人文地理学这么多年研究工作的基础上，我们值得反思的是什么，哪些还没有做到。我提这个问题也请大家不吝赐教，提得不对的地方请大家指正。

为什么提“中国人文地理学发展的反思”这个主题？朱校长给我提了一个主题，让我谈农村，谈乡村地理学，但我觉得人文地理沙龙好像不应该是这个主题，后来我想从人文地理学发展的角度，从中国人文地理学工作者从事这么多年研究的角度，先反省自己、批判自己，把自己批判得体无完肤，然后大家看看是不是这么回事，看看能不能找到一些出路和方向，尽管我没有找到。

我想讲三个问题，第一，对中国人文地理学发展的简单回顾；第二，（重点讲第二点）对人文地理学发展的批判性反思；第三，对中国人文地理学发展的若干思考。

首先，大家都提到，建国以后的前三十年我们人文地理学的发展是停滞的，八十年代做了复兴的工作，九十年代以来，中国的人文地理学得到了很大的发展。复兴时期做了几件事情：1980 年在广东召开“文革”以后第一届全国人文地理学代表大会，中国的人文地理学开始走向复兴的道路，花了十年的时间基本上完成了复兴工作。这十年当中我们介绍了现代人文地理学思想，出版了一些著作，开始出版人文地理学教材。八十年代初期我们还没有人文地理学教材，后来开始有了教材，人文地理学的各个分支学科也开始兴起并发展，同时，人文地理学在中国开始发挥一定的实际作用，我认为复兴阶段取得了这些主要成果。

1990 年以来，中国人文地理学迎来了发展的二十年，这二十多年我们取得的成果带来了人文地理学分支学科的大发展和大分化，整体上取得了很多成果；但是学科之间也开始分化，有的发展快，有的发展慢，跟经济建设挂钩的，以经济建设为中心的相关分支学科得到了很大发展，但同时，与经济建设关联不是很紧密的分支学科又出现了一些弱化。

人文地理学有了更多针对中国实际问题的研究，这个我不展开，我们的城市地理学、经济地理学、人口地理学、旅游地理学取得了很多对中国实际地理问题的研究成果。人文地理学在现实的各类工作如规划工作中发挥了重要作用，我认为发展阶段和复兴阶段有很多不一样的地方。

从复兴阶段开始，我们的人文地理学走过了三十多年的发展过程，这三十年的发展过程，为什么一开始就讲我们有很多困惑？不仅仅是从困惑到反省、到反思，经过三十多年的复兴和发展，从个人来看，我们自己老是在反思中国和国外的差距是缩小了，还是拉大了。经过三十多年的发展，中国和西方的人文地理学有很大不同，刚才卫东教授讲的很多观点我很赞成，中国人文地理学有很多特殊性，和西方人文地理学有很大差异，但是在差异的基础上，我们的差距跟三十年之前比是缩小了还是拉大了？我们现在的发展处于一个什么样的阶段？

第二，从学科反思。从中国人文地理学这么多年的发展来看，主要问题出在哪里？人文地理学工作者的困惑是什么？尽管我在年龄上还不是比较老的地理学者，但是从人文地理学开始复兴的时候起我就开始接触人文地理，当时还不知道什么是人文地理，我们没有学过人文地理。八十年代初期大学里没有人文地理，随着人文地理学的复兴和发展，我们在多年从事人文地理学的工作中，感觉到很多困惑，很迷茫。那么人文地理学今后进一步发展的方向是什么？首先是批判性的反思。刚才谈到从困惑到反省、到反思。在与国外的比较当中，中国的人文地理学处于一个什么样的发展阶段？我们有什么可以立足的学派？刚才大家提到中国学派、中国的人文地理学究竟怎么走，我们有没有可以立足的流派？我记得八十年代李旭旦先生提人文地理学的时候提了一个口号："要建设具有中国特色的人文地理学。"我一直不理解这个"中国特色"是什么。

曾经有人在 *Urban Geography* 上提二十世纪美国地理学的三次革命，他把二十世纪一百年美国的地理学归纳为三次革命，从人地关系到区域差异的研究，从区域差异到空间分析的研究，从空间分析到社会理论。根据这个比较，中国恰恰在人文地理学八十年代复兴的时候，补了一次课，学的是他们五六十年代第二次革命的成果，我们开始补一些课，区域研究、空间研究开始介入人文地理学的复兴。八十年代以来，我们逐步开始介入西方社会理论的人文地理研究上面，我们发现西方人文地理学一些代表性的成果，从五十年代到九十年代的这些成果，我们也越来越发现我们的人文地理学的很多成果，跟西方缺乏共同的语言。中国人文地理学与国际人文地理学研究的方向仍然存在一定差距，我们更多地还是在第二次革命当中发展，当代西方人文地理学思潮与中国人文地理学现状有很大差别，我们有很多特殊性，中国人文地理学在国际上缺乏影响力，这是我个人的想法。

我们原来提的中国特色的人文地理学究竟是什么？我开始不理解，中国特色，还有美国特色、英国特色，从学科角度来说能不能谈国家特色？这是我一直困惑的。在反思当中我提了当前中国人文地理学发展的主要问题，可以概括为三大不足、三大问题。不足一：学科层面上人文地理学研究的基础理论，大多局限于引进西方现代人文地理学思想，缺乏自己真正的具有价值的、关于人与环境相互作用系统运行、发展、调控和应用的基础研究。人文地理学各个分支学科之间发展极不平衡，真正具有中国特色的人文地理学并没有建立起来，人文地理学的研究工作常常不够深入，宏观研究多，微观研究少，对中国本身的研究尚未出现突破，在研究具体问题中发挥的作用还不大。不足二：从研究内容的角度，中国的人文地理学者研究的领域很宽泛，拓展到人类经济社会活动的各个方面，各个分支学科实际上是一个松散的综合体，在一个学科内部分化为政治、经济、文化、行为、农村、城市，等等，松散的综合体在科学问题的理念上有所欠缺。不足三：在研究方法层面，从问题的提出、数据的搜集、论点的求证，到结论的归纳和演绎，大多比较传统；而且我们由原来的没有数量地理学——原来我们很多学者说人文地理学“心中无数”——经过三十年的发展，变得数量化过泛、过滥。没有数量化很难在杂志上发表，有了数量化弄出很多数据来，每篇文章包括博士论文、研究生论文，都是数学公示一大堆，这些当然对原来偏软的、偏描述性的地理学有很大推动，但是现在走到过泛、过滥的层面，定量分析方法大量运用，甚至有了一些新的探索，这当然是好的倾向，但是过泛过滥并不是我们所希望的人文地理学的发展方向。

第三，若干思考。我思考了一下当代中国人文地理学发展当中的三大问题：

问题一：人文地理学研究的层次有待深入，中观、微观研究不足。在宏观分析、性质分析、理论推导上做了大量工作，在现象的宏观分析、宏观把握上花了很多时间；但是我们对效应、流量、机制的分析欠缺，缺乏具有务实操作性的组织制度建设，在操作层面上还不够。问题二：在研究过程之中缺乏对问题的准确分析，而偏向于研究问题的近期操作对策，对策研究的实际操作性不强，虚的东西多，论证不利。问题三：缺乏国际视野。等到中国的学者能够用中文在世界上发表的时候，可能这个问题就解决了。

困境在哪里？

人文地理学学科研究的对象太复杂，是一个多变量的开放系统，其复杂性付诸实践检验的困难，无法与自然科学相对应。中国是一个大实验室，人们把很多理论拿到中国实验，但是能不能实验？我们一直困惑于（人文地理）学科的性质是自然科学还是社会科学，是社会应用学科还是科学性的学科，我们一直徘徊在科学主义和人文主义的十字路口，我们的研究方法大多从已有的过程加以说明，且大多只能说明现在，无法说明未来；理论检验大多只能解释部分现象，取得大多数人的赞同。研究者本身因为受人文现象的影响，受人文现象的干扰，导致很多结论具有非科学性。关于中国人文地理学的发展思考，我们一直在人文主义和科学主义的两分中徘徊，一直在“求同”和“求异”思维的十字路口徘徊。“求异”，我们研究区域，研究区域差异，研究很多地方现象；“求同”，我们从科学角度出发，又要归纳出具有普遍性的规律，在这个过程中我们有很多困惑。

中国人文地理学的发展方向：从中国具有人文特色的地理学，变成中国的地理学，如果我们不谈中国特色，如何建立人文地理学的中国流派？针对人文地理学的薄弱环节，尤其要加强人文过程的研究、针对重大问题的综合研究。所以我提这样一个方向性的东西，我没有找到，希望在沙龙上大家共同讨论。

特邀评议

主持人朱竑：谢谢张老师。张老师的很多观点引起了我们大家的共鸣，人最难的是把自己的伤疤揭开，自我反省，这是很难的，说自己不是人是很难的一件事，学科的发展就是要认真地把问题找出来。下面有请李郇教授点评。

李郇：首先感谢张教授的精彩演讲。在人文地理学方面，我觉得刚才讲的，张教授讲的是对一个学科的反思，我觉得这个反思很及时，无论是经济发展还是我们的研究，无论是城市化还是别的什么，都到了反思的时候、转型的时候。

我对几个问题深有体会。特别有意思的是，张教授对人文地理学的身份认同感很有疑问，这其实也一直是我的疑问，昨天在中大也讨论过这个问题，我们到底是科学性的还是人文性的？这个问题困惑了我们很长时间，正是对这个问题的困惑使我们不断转向，不断有新名词，我曾经让同学统计过新名词，从整个研究过程，从人文地理学的发展过程来看，新名词不断出现，而名词和名词间的关系是割裂的，这就是一种困惑的表现，这是第一点体会。

第二点体会，张教授刚才讲人文地理学是用了阶段性的方法讲困惑，我们处在一个什么阶段和西方人文地理学研究处在一个什么阶段是一个对应的过程。中国人文地理学的研究阶段，不能直接和西方现阶段的地理学对接，因为人文地理学的研究是根植于问题的，从问题中来的，所以社会背景和经济背景是人文地理学研究的核心。我们可能对应美国八十年代研究的问题，现在西方的后工业、后现代主义的思潮在这里可能只出现一些混合性的苗头而已。

第三点体会，我特别赞同我们宏观方面研究不是很足、微观很弱这个问题，因为人文地理学的研究，当我们找不到主体的时候，我们的研究变成纯粹的描述，不能探讨机制的问题。无论是经济学还是社会学，所做的研究都是以行为为主体、为核心，来判断问题的变化。在人文地理学研究的过程中，我们的行为主体是什么？不同的行为主体会导致不同的空间差异结果。

张教授讲的"三大问题"、"三大困惑"也一直是我自己的问题和困惑。最后，不管我们怎么转向，都不能逃离人文地理学发展起来的核心，就是人地关系；不同人地关系和不同人地关系的结构导致了研究问题和研究方法的差别；最终我们通过不同的研究方法，对人际关系的问题可以产生不同的看法，这就是学科的进步。我就讲这么多。

自由讨论

主持人朱竑：谢谢李郇教授，掌声感谢。现在是提问时间，有请《地理学报》的何书金老师。

何书金：我是做期刊的，我回应一下张教授的两个提法。第一个是定量化过滥、过泛的问题，我觉得这个提法不妥，咱们人文地理学发展到今天，没有定量化就没有今天的影响，定量化还应该是坚持的方向。

第二个，没有定量化研究数据的论文不给发表，这好像有所指，我们也发了很多没有公式、没有定量数据的文章，发了不少，所以说张教授的这个提法也值得推敲。

关于定量化的问题，我觉得人文地理学是时空要素的分布，如果没有定量化，要说得很透彻也不太容易；当然，理论上的研究、方法上的研究没有公式是可以理解的，但作为实证研究如果没有定量化就有些欠缺。

主持人朱竑：谢谢何老师。

张小林：我觉得定量化是往科学方向发展的必然趋势。

主持人朱竑：《地理学报》这两年转型非常大，很多没有一个数学公式的文章也发表。我们感谢何书金老师。

下面请广州大学地理科学院新科院长吴志峰教授，吴志峰教授是从广州土壤所才调过去的。

吴志峰：谢谢朱校长给我这样一个机会。我第一次参加人文地理沙龙，刚才发言的都是人文地理学的著名学者，我是一个人文地理的门外汉，作为一个自然地理和GIS背景的研究者，听了非常受启发；而且我参加过很多自然地理和遥感GIS的讨论，但是没有这么热烈的，可能跟人文地理学解读问题的层面不同有关，人文地理更复杂，视角更多。但我认为有三点是共同的：

第一，我原以为自然地理的研究在不断破碎化、实用化，但人文地理也在慢慢往整合的方向靠。

第二，听了报告之后，我感觉人文地理同样关注空间思维和人地关系，作为地理的主线同样是交融的。

第三，自然地理、人文地理和对地观测这三项技术在不断地相互补充和融合，卫东教授刚刚翻译的《理解变化的地球》里提了十一个方向，其中有一个“人文与社会科学的空间重组”，就是人文地理和GIS结合得很好的方面。刚才提到我们人文地理除了关注中国内部以外，对外部的关注的确比较少。最近我在思考地缘政治和政治地理学，这应该也是人文地理的主要方面，但是中国确实关注得比较少。最近我们想用高分遥感影像和北斗系统观测南中国海所有五十八个群岛周边的地理关系。还有林教授刚刚讲的桑基鱼塘，我原来认为这些是自然地理和景观生态学的研究，结果也是人文地理的，这些给了我们非常多的启发。希望我们在座的各位得到启发之后互相学习，共同促进这个方面的发展。谢谢。

主持人朱竑：谢谢吴志峰教授。

4. 阶段总结评述

保 继 刚

（中山大学旅游学院）

主持人朱竑：下面邀请保继刚教授做这一节的评述。掌声欢迎。

保继刚：2008年在卫东那里搞沙龙，大家让我总结，好像形成了习惯，是不是觉得我总能吐两个新名词出来？

今天三位的发言非常精彩，其中两位，一位来自香港，一位来自新加坡。我的硕士导师在世的时候总跟我们说：人要不断地从二维跳到三维，通过三维去看人生存的二维。当我们生活在中国大陆内部的二维的时候，我们要跳到三维是很难的。我们从新加坡、香港来的学者，他们可以从他们站的维度来看我们的发展，听了两位的发言我特别受启发。

我谈三个问题：

一是中国崛起地理学者成果的表象。我最近也在翻阅一些东西，批判性地说，中国崛起之后国际上英文世界发表论文的数量呈几何级数增长，同时也夹带有一些与我们所骂的大陆学者的急功近利一样的急功近利。为什么说西方的学者也急功近利呢？早期的西方学者研究中国，我认识的那些人，都是先学会中文，能自己在中国做调研，在中国做了调研之后，用他们的理论和西方视角看中国，这是他自己调研的结果，包括当年的一个英国地理学者，也是能讲中文的。

但是现在的西方学者，研究西方的中国学者，越来越少有能讲中文、能在中国做自己的调研的了。中国学者发表英文文章是为了证明自己，为了提升自己，所以挂西方学者名字的文章特别多，这也有好处，表明他们有合作。我认识的一些西方学者可能到中国来一天就可以写一本书，到中国一个月可以写一篇文章，到中国来了一年一个字也写不出。很多是来了一天就写了一本书、写了一篇文章，这里面我认为有很多急功近利的东西，对中国的认识不够深。我这样的批评遭到了西方学者的反对，说不一定要做这么深的研究，照样能够看懂中国。这样的文章被驳回来了。我还要努力，找出更多他们不理解中国的地方来驳斥。

第二，中国崛起地理学者的反思。中国地理学者的每一次反思都因为某些事件的发生而中断。从五四运动开始，从胡适开始，到今天，对地理学比较熟悉的都知道，八十年代，

1985 年左右中国的文化反思，地理学者(包括当时年轻的地理学者)对地理学的反思，在1989 之后遭到了一次反思的中断。1989 年之后我总结是从理想主义到现实主义，这次反思的中断使得中国地理学者进入了长达十年的实用主义时期，这种实用主义不是说有多崇高的国家振兴的理想，而是个人实际生活改善的理想。这种反思的中断，使我们在理论思考上又落后了一段时间。又过了近十年，这几年的沙龙又开始了一些反思。我很担心这一次的反思，因为中国经济的转型，大家都在讨论从明年下半年开始，中国经济在经历长达三十年的高速发展之后，可能会进入一个平稳发展，甚至相对停滞发展的时期。面对这样的局面可能我们又会急功近利地拯救中国，在这种情况下我们应该怎么办？这次反思可能又会面临一些新事件的干扰。中国过去三十年的高速发展，使得我们没有时间坐下来反思，没有时间坐下来喝杯茶。现在中国经济进入新阶段之后，是不是已经有这样的氛围、气候、条件，让一部分人能够坐下来喝喝咖啡，喝喝茶，聊一聊？这是需要我们重视的。

第三，关于内生地理学、外生地理学，或者崇洋媚外、夜郎自大，或者下里巴人，这样的一个命题。我先说一个结论，我觉得拿来主义不能反对，修正主义要鼓励，本土主义也要共存。在当今中国的情况下，拿来主义还不够，比如江莉莉教授和林初昇教授已经很够，卫东也够，可能何深静也比较够，贺灿飞也够；但是对很多人来说拿来主义还不够，在拿来主义还不够的时候就去批判拿来主义是很幼稚的想法，所以能做到修正主义的人是要在拿来主义已经很充分的情况下再来做修正主义。如果一开始就要中庸，就要修正，就要做中国特色，请问什么是中国特色？是不是贴个标签就是中国特色？所有说不清道不明的东西，加上“中国特色”四个字就可以往里装了，这是不负责任的办法。我认为拿来主义要做，修正主义也要鼓励，本土主义也要共存。为什么说本土主义要共存呢？(等一下我再说关于中国人文地理我的一个思考)在这样的情况下，外生、内生目前还要共存相当长的时间，我们既不要批判拿来主义的崇洋媚外，也不要批判本土主义的夜郎自大，在目前中国的情况下，这些都有可能解决他所对应的特定问题，因为我们在批判崇洋媚外的时候对应的可能是本土主义内在的发展，对应的是国家需求；在批判本土主义的时候用的话语体系是西方的话语体系，用的是西方理论的东西来批判，所以大家批判的对象不一样。当使用的话语体系不一样的时候，在一个现实共存的社会当中，这样的批判可能就成为谁的声音大，谁就把谁压下去。

到了今天，不管是批判本土主义的内生地理学，还是只关注现实主义的应用的东西，我们从胡适开始，在研究观念转变方面，都没有完成。胡适讲要“大胆设想，小心论证”，这是胡适学习西方实证主义之后的一句话。“拿证据来”，胡适最核心的就是这几个字。但是这些并没有在中国生根发芽。现在的人文地理，特别是偏社会学的人文地理学，在本体论、方法论、认识论方面并没有学到西方的东西，最本质的东西没有学到；我们只是学了学科里面的，人文地理学里面的某一个思潮：理性主义、新自由主义，等等，这些实际上是在根基都没有搞清楚的情况下学的东西，所以要彻底地反思，反思我们是谁，我们从哪里来，反思我们现在在哪里，再反思我们的未来。八大趋势，可能是需要我们做的东西。

最后，中国人文地理的前景，最终的前景必须是中国的人文地理学要有知识溢出。如果我们没有知识溢出，我们在学科里根本站不住脚。也就是刚才林初昇教授讲的章典的研究，他研究地质学，算地质学家（第四季地质，地貌），做了一个中国气候和历史的相关关系，这就有知识的创新，或者是揭示了某一种规律，这就是知识，是知识就可以给历史学、给其他学科、给政治学提供一个认识，认识中国历史上自然地理变化、气候变化对它的影响。不管是人文地理还是自然地理，我们必须有知识溢出，而不仅仅是用数理化知识研究地理；当地理学有自己的知识溢出的时候，其他学科才会觉得你有用。地理学很快就有一个可以溢出的，就是地理信息系统的方法，可以用在社会学、医学、历史学领域。这就是林辉倡导的空间人文地理。我们应该培养 GIS 的学生，最后分配到历史学教方法，让历史学用 GIS 的空间方法做历史学研究。不要以为我们的空间方法丢了，不会的，而是说让他们知道地理学是有方法的，空间方法，所以我说要有知识溢出。

在中国的现实条件下，知识溢出加社会服务是中国人文地理学未来的发展方向。只有知识溢出，虽然我们的学科有地位了，但是学科的人数一定是萎缩的，像日本的地理学一样，东京大学的地理学老师萎缩到了五个，而中山大学有二十八位地理老师（人文地理）；没有社会服务就没有基础队伍，就吸引不了学生来报考你的专业，也没有更多的经费和可进入性，所以这两手都要硬。在今天，为什么我们有沙龙，就是因为我们不满足于过去的知识，建构知识的研究不够，我们才有沙龙的这帮人，这么多年坚守在这样的领域里。我们的社会服务在全世界的地理学圈已经是做得最好的了，不是很好，是最好；但是我们的知识贡献，部分做得还不够好，所以我们应该加大力气做知识溢出部分，来平衡地发展社会服务的部分。谢谢。

主持人朱竑：谢谢保继刚教授高屋建瓴的总结和振聋发聩的启迪。开了六届人文地理沙龙，我们一直在讨论方法，我们一直在讨论出路，我想等到我们不想讨论的时候，我们的出路已经变成了阳光大道，这是我们的愿景。

（茶歇）

5. 人文地理学的空间研究传统

陆玉麒

（南京师范大学地理科学学院）

主持人方创琳：下面开始今天上午人文地理沙龙的下半段议程。做大会报告的还有三位老师，由于时间关系，还是请各位老师在演讲的过程中把握好时间，每一个报告控制在十五分钟之内，点评在五分钟之内。如果大家不想吃饭可以把时间延长，今天的会本身就是人文地理学的一个大餐。

下面有请南京师范大学陆玉麒教授，他演讲的题目是“人文地理学的空间研究传统”。陆玉麒教授是敢挑战经典空间结构理论的第一人，他在长期的研究过程中发表了关于空间结构的一系列论著，尤其是在《中国科学》上还发表了十年来对空间地理学最新进展的研究，我们人文地理学者能在《中国科学》上发表文章是非常不容易的。下面用热烈的掌声欢迎陆教授为我们做演讲。

陆玉麒：各位老师、各位同学，非常荣幸有这个机会向大家汇报，谈一下关于人文地理学的空间研究传统。我在梳理文献的时候，看到1964年任美国地理学家协会（AAG）主席的William D. Pattison在*Journal of Geography*上发表了“地理学的四大传统”一文。里面讲了空间传统、区域研究传统、人地关系传统和地球科学传统四大传统。跟人文地理学有关的是前三大传统，我考虑到人地关系传统可以融合进前两个传统中，所以核心是两大传统，是区域传统和空间传统，以空间为主，兼顾区域传统，初步梳理人文地理学研究的极端演化与未来走向。

一、人文地理空间研究传统的演化历程

1800—1930年为空间与区域传统萌芽期。人文地理学的科学化进程始于近代。我们知道近代人文地理学奠基的代表性人物，一个是李特尔，其专著《地理学通论》中最早阐述了人地关系和地理学的综合性和统一性，标志着人文地理学区域研究传统的起步；另一个是杜能，发表了《孤立国对于农业及国民经济之关系》。

1930—1950年为区域传统主导、空间传统出现的时期。代表人物赫特纳进行了两方面的研究：区域差异研究和人地关系研究，我对这两个研究都特别有亲切感，我认为我们的很多基本传统受他的影响非常大。还有一个很有名的人物，把欧洲传统带到美国去的哈特向，这个人后来的影响更大。他们两位是二十世纪三十到五十年代的代表性人物。

克里斯泰勒和廖什分别于1933年和1940年创立了“中心地”学说等，标志着人文地理学空间研究传统的正式登场。但是我们注意到，那时候学术界对空间研究传统的认识还很低，当时人文地理学区域传统的代表性人物赫特纳和哈特向都没有起码的空间意识，都是反空间传统的代表人物。结果显然是悲剧性的，有两个结果：一个是克里斯泰勒的命运被主流地理学所忽视和漠视，快死了才被承认；还有一个重要事件是哈佛大学地理系被取消，原因有很多，其中哈特向罪不可赦。

1950—1970年是空间传统鼎盛、区域传统居次要地位的阶段。这一阶段发生了极大的革命，出现了大量人物，最突出的是艾萨德的区域空间研究。从二十世纪五十年代开始，形势开始逐渐发生逆转，对赫特纳、哈特向的区域研究传统的失望情绪不断增长，一种将地理学看作“空间排列的科学”的革命观念迅速传播。1953年，美国艾奥瓦大学的舍费尔发表了《地理学中的例外论》一文，通常被认为是打响这次革命的第一枪。舍费尔认为地理学是“关注对地球表面某一特征的空间分布起支配作用的规律的建立”的科学。核心发生的一个革命，从舍费尔开始，后来还有许多人成为了空间传统的代表性人物，最突出的研究是艾萨德的区域科学研究，取得了重大进展。

1970—1990年为空间传统全面衰落、区域传统再度泛起的时代。其标志是1976年在莫斯科举行的第23届国际地理学大会(1964年成立，1976年解散)。十二年的时间完全可以称之为昙花一现。当时面临三个方面的挑战：一是行为地理学，二是人本主义地理学，三是激进主义地理学。

1990—2010年为区域传统重铸辉煌、空间传统重新兴起的时期。一个是区域传统的重筑。拿广东来说，从1990年开始，人文地理学研究步入了与新古典主义经济学等多学科交叉，以及制度转向、文化转向多元特点的人文经济的新时代。评述这种现象，与其说是制度或文化的转向，不如说是区域传统的广泛延伸，我认为是对上世纪三十年代到五十年代区域研究传统在新世纪广化和深化的结果，强调独特性研究是区域研究传统的回归。另一个是空间传统重新拾起，从空间传统来说，我认为1991年克鲁格曼提出的中心—外围理论，可以看作新经济地理学诞生的标志，它在原理上是新经济学的理论前身，实际上就是古典的农业区位论和工业区位论，这样可以把新经济学的出现看作空间区域的重现和回归。

从空间和区域研究传统角度梳理人文地理学研究的发展轨迹，我们可以看这样一个图，区域研究传统基本用直线表达，空间研究传统是波浪式的，也许时间、地点不一定精准，但是我想用这样一个图标明这两个研究传统的趋势性发展轨迹。

二、人文地理空间研究传统的未来展望

空间研究传统走向复兴的基本标志。2008年，由于对贸易模式和经济活动区位的分析，克鲁格曼被授予诺贝尔经济学奖。2009年，美国地理学年会特别设立了对克鲁格曼新经济地理学的专题讨论会。2010年，克鲁格曼又一次受邀做了有关新经济地理学的专题报告，并被授予"荣誉地理学家"称号。所有这一切，昭示着作为地理学四大研究传统之一的空间研究传统的回归与复兴，我这里想特别说明一条，一个基本的看法：我认为我们地理学界对克鲁格曼的评估还远远不够，对他的价值的评估还远远不够。

如果把前面的阶段回顾往外延伸，空间研究传统三阶段中由第一阶段向第二阶段的过渡期，未来二十年有可能是空间研究传统复兴的黄金时期。我整理了一下空间研究传统的演化进化，分为两个周期：第一个周期四个阶段；我们现在进入的应该是第二周期的第二阶段。无论怎么看，我认为现时应该是人文地理学空间研究传统走向复兴的阶段，可以大致做这样的趋势性判断。

空间研究传统复兴的技术难点：

要真正走向复兴，需要做出相当的努力，我想分析一下计量革命失败的原因，关于这方面还有待重新梳理。回过头来审视计量革命运动，可以发现导致失败的两大基本原因：一是从理论层面看，计量革命从整体上把地理学理解为空间科学，从而走进脱离事物自身性质，单纯追求抽象的空间共同规律的误区。与地理学区域研究传统比较，作为空间科学的人文地理学对地理学统一性起到了破坏瓦解的作用，拉大了它与自然地理学的学科距离，割裂了地理学的整体性，而走向与经济学、区域科学相亲和的道路，其社会科学的学科属性从此凸现出来。从理论层面看未来的走向，如果不解决人文学科发展和计算机的融合，这样的理论革命是永远不可能成功的，这是我的一个基本判断。二是技术层面，虽然当时已开始出现计算机，推动了地理学数学建模水平的提高，但作为地理学现代分析技术核心的空间分析技术则远不能支撑计量革命的需要，技术手段不够，理论导向有误，这是我认为当时导致计量革命失败的两大基本原因。

克氏新经济地理学并没有满足地理学的期望，一方面对新经济学我们地理学要进行充分估计，我认为怎么估计都不为过；另一方面缺陷也是有的，只是解决了将空间分析纳入经济学理论框架的问题，但问题是是否纳入经济学理论框架，并不是我们地理学界关心的。对此，我们可以考虑更多的是：第一，从技术层面看，无论是过去计量革命的失败，还是当今新经济地理学的可能进展，充分运用现代GIS技术手段是其中最为关键的一环。我们基本上可以预料，新经济地理学的研究成果与GIS相结合，有可能引起下一阶段的爆发性成就。第二，从理论层面上看，新时期人文地理学的空间研究传统，究竟应该呈现一个什么样的分析框架？尤其是，研究的切入点在哪里？

我们讨论一下如果未来空间研究传统走向深化，强化空间研究传统的切入点可能在哪里。我想从三个方面来说：一个是确立基本假设。刚才讲到人文地理学是科学主义的还是人文主义的，我是坚定的科学主义派。我们认为所有的学科都有一个基本假设，跟我们人文地理学相关的一个是自然地理学，一个是经济学，经济学的基本假设就是经济人，它通过经济人假设来建构它的理论体系。自然地理学的基本假设也是有的，是光滑球面假设，通过光滑球面假设来确定我们所谓的地域分异规律，基本的就是纬度地带性。两个学科的基本假设对人文地理学有什么启示？我认为地理学需要一个基本假设，我把它称为地表空间的基本假设。

第二，构建研究谱系。从区域到空间，不是0和1的关系，是一个汇入空间，从最纯净的空间到另外阶段的区域间，我们认为可以分阶段、分谱系实现，而经济学和自然地理学可以提供借鉴：经济学的基本假设有流变，理论体系不断变化，自然地理学也是这样。我认为从纬度地带性到经度地带性也是跟假设变化相对应的。根据我们做的空间概念第一次拓展和空间概念第二次拓展，代表我们在尺度上面，在不同的气候点上，可以体现出不同的空间模型；所以我认为区域空间和人文空间本来是可以区域兼容的。我们在做另外一个理论模式的体验，三角洲顶点城市。这是一个现象，这是我们做的数据建模，所以我们认为区域与空间的关系，我的基本观点是这两者之间应该有路径可以融合。

第三，谋划理论体系。实际上对当今的人文地理来说，理论水平总体不够，最主要的表现是各类理论相对较少，即使是有限的理论模式，也处于散乱、不成体系的状态。我们有没有可能构建像经济学、自然地理学那样相对严谨的、体系相对完整的理论大厦？这是我们走到这一步需要考虑的重大问题。如果想把现有的一盘散沙的理论构建成一个体系，我认为有三种可能的路径：一是类型学视角，二是驱动学视角，三是发生学视角。这是我们正在做的，比如把核心—边缘结构、中心地结构从驱动力的角度融为一体的初步思考。

关于人文地理学科学化问题，大家对市场经济很感兴趣，之所以有这个报告，是因为在上半年年会的时候我做了"一个人文地理学科学化的总体目标与实现路径的讨论"，当时有很多争议，针对争议我查询了大量文献，对今天的结论我想做一个总结。

首先，我把我的观点表述一下。对于人文地理学，无论是人本化、再人文化、社会化、微观化（即制度或文化转向），还是科学化，这些多元化的论点本身，就体现了人文地理学科的特殊性和复杂性，都有利于人文地理学的成熟和完善，从而使我们对于中国未来人文地理学的发展走向有更加清晰的认识。

第二，无论如何，科学化应是人文地理学的基石，是中国人文地理学未来发展的基本选择和必由之路。我的基本观点还是科学化的多元化。经济学自从"经济人"假设提出以后，其受批判的激烈程度远远超过人文地理学空间传统受到的批判，但是经济学从没有放弃过对“经济人”假设的坚守，从来没有放弃过。

而对于整个人文地理学来说，则从来没有形成过关于基本假设方面的共识，理论大厦的构建也就无从谈起，甚至连理论大厦构建的基本思路都没有完全理清。对于科学化，我的基本看法是，不仅要当成我们的一种坚守，更大程度上是一种补课，恰如七十年代后期我们国家在补课一样，这是因为我们科学大厦的根基打得不坚实，科学化的根基远远不够坚实。无论是从学科属性，还是从我国经济社会的技术需求来说，人文地理的科学化不应该是一个被动目标（国内有人戏称为“被科学化”），而应该成为我们的主动追求。谢谢。

特邀评议

主持人方创琳：非常感谢陆教授给我们做的精彩演讲，最后那句话非常坚定，不单单自己是“科学发展”的捍卫者，而且号召各位坚持“科学发展”这种人文地理的科学精神。由于时间关系，下面请中科院地理资源所的张文忠教授做点评。

张文忠：非常荣幸参与这个活动，真的不知道怎么点评，我谈一点自己的感想。有一个我们感到很头疼的问题，到底人文地理的科学性在哪里？我们往往被人家问及你们的科学基础在哪里，科学出口在哪里。科学问题是什么？我们往往很迷茫。其实有些问题，特别是人文地理，比如我们在做的过程中，也追求所谓方法的问题，比如一些问卷调查，同样的一个区域，我们有很多人在做问卷调查，可能得出的结果是不一样的。我们在处理数据及对问题进行分析时，从科学的角度进行思考是非常重要的，我觉得陆教授这些观点我非常赞同，确实也值得我们深思。

我们和国家各部委的接触比较多，我目前正在参加一个国家重大产业调整和布局的大课题研究，而且我还是主要参加者。那些领导往往问我一些我认为非常简单的问题，他们说科学家老是说我们的布局这也不对那也不对，那么给我们说说到底什么是科学的布局、原理和规律？不能总是批评我们。比如老有人跟我说广东南沙不能再上石化、不能再上钢铁，那你说在哪里上？规律在哪里？你得告诉我。再比如我们正在做土地规划，和卫东所做的差不多，他们同样问我，在中国的资源环境条件下，产业空间布局的规律到底是什么？科学性在哪里？这些是国家发改委、国土资源部给我提的要求。这些问题确实值得我们反思，我们在做的一些问题可能需要科学的思考和科学的分析，包括一些数据、一些方法，真的非常值得思考。

而且我觉得这个过程可能也对我们的学科有很大的推动作用。这个话题是一个永恒的话题,比如空间的问题、区域的问题,特别是人文地理学长期研究和关注的问题。国家这个层面及各级政府部门都非常需要我们拿出科学的东西,我们不能大而化之地讲问题,比如现在过分强调这个、那个,反正很花很花的。上级领导,一位国务院的领导对科学家近三十年的工作有一个很重要的评价,说中国改革开放三十年来之所以有这么大的成绩,是我们这些人不分昼夜干出来的,不是你们科学家做出来的。这说明科学家需要反思。实际上我说的工业地理这些东西很简单,就是工业地理或产业地理要做的一些工作,但是现在我们不做这些工作,我觉得太蠢了。事实上我们有很多值得思考的东西。我就说这么多。

自由讨论

主持人方创琳:谢谢张教授的点评和反思,下面进入提问阶段。

刘卫东:我不是很同意陆玉麒所谓"空间传统"的说法,这样把整个地理学放在什么位置?因为地理学就是研究空间的,你所谓"空间研究传统"就是研究抽象的空间结构,而地理学研究空间有很多方面,所以我不同意你用"空间研究传统"这个词代表整个学科传统。大家说地理学是不是研究空间的?如果都是研究空间的,凭什么你有空间传统,别人就不是空间传统?这个说法恐怕要修正一下,修正主义。

关于你提出的建立完整的理论体系,这是一个非常好的理想,我们每个人都希望我们的学科有一整套完整的理论体系,但实际上我不知道这个东西我们能不能实现。西方的地理学界,在八九十年代曾经探讨建立完整的理论体系,但实际上是不能建立的。我们是不是还要沿着那一条路去探索?我们能不能建立一个完整的理论体系?这个事情也是值得我们思考的。大家的理想很好,但是地理学,人文地理学这样的学科,有没有可能存在那样的完整理论体系?我们是不是要建立那个东西?这是一方面。

第三,我怀疑科学性的说法,对此我也不是特别同意。这个科学性不能仅仅表现为你有一个假设、做一些数学公式、分析一个空间结构出来就有科学性,其他的就没有科学性,这个科学性的问题体现在科学研究方法上,而不在乎使不使用数学模型。我们知道国际上有那么多很好的文章就是没有数量模型,没有计量的东西,但是有科学方法,所以一样能成为很好的文章。我的博士生经常找我，问我阅读国外的文章学什么，我说最重要的是学习别人研究、透视、解剖事情的方法和思路，而不见得学习他们的观点和概念，最重要的是学习人家解剖事情的思考方法。从科学思考的方法来看，不见得做到陆教授讲的才是具有科学性的，科学性可以包括很多方面，这就是刚才我讲到的很多事情。我当然鼓励大家做陆教授那样的工作，但是当作唯一的方向就有麻烦了。

第四，为什么计量革命会失败？刚刚他讲到两个很重要的原因，最重要的是地理学本身是研究现实社会的，地理学的传统就是研究真实的社会，但是计量革命却让自己走向了死胡同，因为太抽象了，抽象得跟经济学没有任何区别了，所以死亡了。这正是回到我们现在的研究里，我们既要强调个性，同时又不能离开我们的现实世界，我们的现实世界有那么多需要回答的问题，如果抽象到那个程度，这个学科就要死亡了。陆教授，对不起。

陆玉麒：关于空间研究传统，我是这样理解的，地理学有几个流派，区域流派，空间流派，应该是可以的，不能一棍子打死，这是第一。

第二，地理学，一个学科两个功能，一个是应用功能，我认为主要意图就是区域传统，特点就是求异，这是地理学研究区域差异的学科原因，也是地理学的生存根基和活力所在，解决实际问题，因地制宜，这是区域研究的精髓。最后是整个地理学的问题，求异到最后，为什么区域传统和空间传统是相辅相成的？因为都需要研究，无论是国外还是国内，都绝对是区域性传统占主导定位。我们所有的人都天生地缺乏空间研究传统的精神，你本科学的是地理，就天生地成为具有区域研究精神的人，但是在空间上不够，我们确定不了比例，但肯定要有一部分人从空间上研究问题，当然也不能否认区域的问题。

柳林：陆教授和刘教授的这个问题可以争论很多年，不一定有结论。大家谈到多元化等等几个关键词，我是学地貌出身的，做 GIS 做了十几年，最近十年才开始使用 GIS 做一些人文的东西，可以说是门外汉，但无知者无畏，可以随便乱说。

从去年六月份任中山大学地理规划学院院长以来，自然就成为学位委员会的主席、主任，看过很多学位论文的评议，规律很明显，人文地理学博士论文的评分最低，这里与大家严格把关有关系，我想是这样的。最高的是自然地理，GIS 居中，局势很稳定。我想，严格把关是一回事，这里面是不是还存在缺乏范式、过分强调 identity 和自己小块领域的正确性、对别人的东西不够包容的问题？这话可能说得有点过分，我发现这种现象不光中大有，在美国也有过类似的东西，有时两个知名专家针对同一篇博士论文给出最优和最差两个评语。

之所以讲这些事情，因为我们是做人文地理的，我算三分之一个人文地理工作者，这些是不是应该引起我们的反思？我非常同意江莉莉的答复，我们是做地理的。

保继刚：要有空间化，我们现在要防止去空间化，人文地理的去空间化倾向会使人文地理学者走到了社会学，而我们又没有社会学理论的背景和功底，又失去了地理学。

陆玉麒：这个主题确实是非常重要的主题，现在很多人迷茫，科学化不是用数学模型才能表达，其实科学初期，比如说生物学、植物学采用分类学方法，科学化分类后较条理化。我做过一些聚落形态研究，聚落有不同的形态，我们先定一种范式，然后再按照这种范式发展下去，就是走向科学的几个方面，我觉得科学化并不是很难，关键是我们如何驾驭。

今年第一期《人文地理》我发过一篇文章，关于城镇形态胞链型的分析，用一种很简单的方法解构一个很复杂的城市。在很多人看来一个很复杂的北京城，我用三个层面就解构了，我在南京讲过这个议题，我觉得这就是科学发展的一种态势。

6. 人文地理学空间思维的几次重大转折

叶　超

（南京师范大学地理科学学院）

主持人方创琳：下面请南京师范大学叶超博士演讲，题目是“人文地理学空间思维的几次重大转折”。

叶超：老师们、同学们，早上好！非常感谢朱竑教授能给我这样一个机会进行交流和学习。我讲的主题与陆老师的有些相关，所以，有重复的地方我会说得简略一些。

我的题目是“人文地理学空间思维的几次重大转折”，主要想从思想史的视角来讲。在我看来，思想史的主要内容可用八个字概括：源流派系，起承转合。前者讲形式，后者讲过程。我想通过这个题目，考察空间思维演变与学科身份的关系，这是人文地理学争论的核心问题，也是这次沙龙的主题。

我的报告主要按空间思维演变的起、承、转、合分为四个部分：

(1)起：作为一门空间科学的地理学。

(2)承：从空间到区域。

(3)转：从空间几何学、人文空间性、激进的空间到空间的生产。

(4)合：后现代空间。

地理学虽然有悠久的历史，但第一次较系统地将其界定为一门空间科学的是作为大哲学家同时也是地理学家的康德。康德将地理学定义为专门的空间科学，认为空间是地理学的研究范畴，时间是历史学的研究范畴，而广义的物理学研究物质。康德界定的特点是：第一次的、专门的(享有专属权)、三维的和哲学的。它对于地理学的发展具有重大意义。因为在此之前，历史学的地位高于地理学，地理学常被视为历史学的“侍婢”；而康德的界定使得地理学学科地位得以提升，从历史学的附属上升到与历史学相提并论的地步。

从空间到区域，我想强调其间发生的逻辑：空间科学是抽象的界定，但是地理学发展的历史实际上是一个方志传统，无论东方西方，都有大量的方志和旅行记。将空间科学这种抽象的界定与方志传统的历史结合起来，衍生出将区域作为地理学研究核心的思想。从康德、赫特纳到哈特向，他们所持的空间观都是绝对空间，也就是视空间为容器，把空间看作可以装很多东西，但是独立于物质之外的东西。此外需要注意的是，正如赫特纳所强调的，地理学所具有的综合性使得它与其他学科的关系密切，它非常依赖其他学科却又需要独立，这就奠定了一种紧张的基调。地理学与其他学科之间的紧张关系使得地理学家始终得面对和应答学科身份这一问题。哈佛大学取消地理系可说是对地理学存在价值质疑的极端表现。

第一次转折发生在二十世纪五十至六十年代。空间几何学探讨空间的形式法则（比如杜能环、克里斯塔勒的中心地等），它主要是一种相对空间的概念，为了追求空间秩序，采用逻辑实证主义的哲学理念，并且大量借助经济学、管理学和数学来发展地理学理论。

空间几何学范式的缺陷在于，这个空间结构或秩序中的人只是经济人或机械的人口数量，而不是社会人或道德人，导致塑造空间秩序的政治、社会、文化等因素和个体因素被忽视，所以最后西方地理学家反思，认为区位论以及实证主义地理学使得地理学与现实世界空间问题的差距越来越大，因而出现了一系列反思和批判。人文空间性就是其中的一种。这一派的代表人物如段义孚、拉尔夫等，认为自己是人文主义地理学家。他们更强调空间概念的价值判断和意义，借助现象学和存在主义的哲学理念，联系人文学科和历史来阐发人文主义地理学。

另外一种更加严厉地批判实证主义空间几何学的范式可称之为激进的空间。中文的激进往往有过激的、不可靠的意思，但是在英文里，激进（radical）是根本、彻底的意思。皮特、哈维等早期的激进地理学家都强调地理学必须关注社会问题，认为“空间是什么”的答案取决于人类实践。所以说空间并非价值中立的空间，而激进主义地理学，激进的空间的核心要旨，在于将地理学发展成为一门批判的空间科学。这个批判正如马克思提出的一个号召，“对一切事物都无情地批判”。它有两个面向：一是面向地理学家自身和学科内部，比如他们认为地理学家往往受文化制约，文化可以具体体现为种族、阶级和性别划分，这使得地理学家研究的空间不是客观的；另外一个面向针对我们身处的社会，对于资本主义世界的批判。早期的激进地理学家也是一些无政府主义者，他们反对不平等的社会，后期的激进地理学家则批判资本主义空间发展的不平衡，以及欧洲中心论和美国中心论。

我们可以通过一个案例去透视、剖析和理解这种抽象的思想。它来自于皮特的《现代地理学思想》。这个案例饶有趣味。

“那时美国地理学家协会的年会是在主要城市的有名的酒店举行的（现在依然如此）。那些酒店通常会有一个中央大厅走廊，那里挤满了喜欢社交的学术会议代表。学科权威结构也在空间上表现为中心地等级结构。在这个权威的空间模式中，一些人在大会发言席上给另一些人做报告，交流是在学术权威之间进行，研究生们则像鸟儿一样四处盘旋，啄食着权威们偶尔故意表现出来的、谦逊的惊叹。”

我尝试从激进地理学或批判的视角“解构”一下这段话中所蕴涵的不同层面的空间。其中，“主要城市”是一种复杂空间，意味着一种优势属性和权能的集聚；“中央大厅”这个权力空间意味着中心和支配地位；“有名的酒店”这种社会空间往往是上层阶层的聚集地；“发言席”这个符号空间意味着话语权，为少数人所把持；而“代表”这个词意味着身份空间，它的拥有者是精英；权威和研究生之间构成知识空间，也反映了一种支配和被支配、中心和外围的关系。知识空间及其生产是作者论述的核心，但是知识空间是在与其他诸种空间的互动影响中产生的，它生产其他的空间，同时也被其他的空间生产(社会空间辩证法的要旨)，意味着学术并不是单纯的学术。在这些空间之外，还需要我们注意两种动态空间，也就是时间影响下的空间。“举行”、“挤满”、“交流”及“盘旋啄食”等流动状态和过程，反映了空间生产的过程；而“现在依然如此”这个时间上的强调，反映了这是一种牢固的空间秩序。

我们还应该读出并注意这段话中隐含的空间。作者通过一个比喻“像鸟儿一样”来反映研究生的边缘、流动和依赖性，这是一种想象的空间。最后值得注意的另一种想象的空间在于作者身上。我们可以想象，能把这一场景描绘得惟妙惟肖的作者肯定处于这种空间之内，但是却反对、反省或批判这个空间，因此它是一种矛盾的想象空间。

由于激进地理学对于空间价值中立的批判和对社会空间的强调，对于资本主义空间发展不平衡的彻底批判，契合了马克思主义的思想，所以最后走向了马克思主义地理学。它的核心概念是空间的生产，由法国思想家列斐伏尔(Lefebvre)提出，强调“(社会的)空间是(社会的)产物”，其中的主要内容“三元辩证”是个非常复杂的问题，限于时间关系，我不展开论述，而强调如何把握它。简言之，空间的生产主要讲资本、权力以及阶层与空间的相互作用，在此过程中，空间成为了介质、产物及过程。因此，空间并不是一个静态的容器，只是反映了相互关系的绝对和相对空间概念，而是反映了更多的关系。马克思主义地理学家采用的方法是社会空间辩证法，并力图以此整合社会空间。

我通过一些事例初步解读一下该理论。典型事例包括浦东城市空间的生产、清华大学校庆和真维斯楼事件。从浦东在开发前和开发后的对比可以看出，一些生活的空间在开发后慢慢消失了，开发前“无序的”城市空间变成了美轮美奂的城市，但也更像一场幻梦或海市蜃楼；上面的图片反映了金融资本对空间生产的作用。大体的过程是：首先是资本的需求与政府权力的结合，通过银行的金融资本中介和支持，经由规划者的手笔和开发商的具体落实，最后形成了两种不同的空间，一种是属于上层阶级、精英支配和主导的空间；另外一种空间属于原住民的、邻里的、外来打工者和这个城市的建筑者等低收入群体，这个空间面临着被排斥和被挤压的命运。

清华大学某刊物封面以“清华门”对应不同等级的政治人物，反映了建筑的、物理的空间与权力空间的关联，以及权力对于知识生产的作用；真维斯楼事件则从某种程度上反映了资本与知识空间生产的关系；某大学把雅典娜和女娲的神像换成了校董的面孔，反映了资本对于知识空间的侵蚀有多么巨大！

二十世纪八十年代之后的潮流是后现代地理学。后现代空间研究有一个背景，就是人文社科界的空间转向。它的核心词是“解构”，强调时空的特定和不确定性、时空的碎裂等，试图通过文本的重新解读来发现某些东西；在学科关系上，人文地理与哲学、文学和艺术的关系再一次被强调。由于时间关系，一些经典案例就不展开讲了。詹明信、卡尔维诺、福柯、桑内特等分别是文化、想象、权力、身体空间的代表。

后现代地理学也有一些经典案例，对于洛杉矶、巴尔的摩等城市，哈维、迪尔都有一些解读。后现代空间到底是一个转折，还是对于以前的空间范式的契合？这一问题不好回答。某种程度上，后现代空间与康德的空间界定有些契合，主要体现在三个方面：首先是空间地位的上升方面，由于众多学科的介入，空间上升为大家注目的焦点，人文地理的学科地位也因而得到了提升；其次是它与哲学的关系趋于紧密，尤其是与后现代主义的论调密切相关；最后，它们都是三维空间。但是这些空间相同却有不同的内涵：在空间地位上升这一点上，以前把地理学作为一个专门的空间学科，现在是其他学科也开始切分这一块空间研究的蛋糕；在与哲学的关系这一点上，康德的哲学和现代后现代主义可以说恰恰是两种截然相反的哲学；以前的三维空间非常强调物质，而后现代却强调社会性这一维，反映出人文地理学与社会科学的密切关联。所以，正如索加(Soja)所说，“空间太重要以致于不能仅仅留给那些专门的学科(如地理学和建筑)，或者仅仅作为历史学家、社会科学家或马克思主义社会学家的空隙填充剂或事实背景。人类生活的空间性就像历史性和社会性一样，渗透在每一个学科或话语中。”

所以，我的最后结论是：有特点，没有特权。

从专门的空间科学到其他学科切入空间，反映出人文地理不再拥有空间研究的特权和优先权，但空间思维演变历程提示人文地理空间研究可采取多重面向。

人文地理学科的地位与身份问题趋于淡化，因为不同空间认识论都有其价值，价值大小也难以评估。

人文地理依赖哲学和其他学科作为依据和工具，它们在使人文地理身份陷入迷离的同时也为其增添了活力和魅力，这是人文地理学面临的最大机遇与挑战。

关于未来，我想用卡尔维诺的《看不见的城市》中的一句名言做提示：

“到我明白所有象征的那一天，”可汗问马可，“我是否就终于真正拥有了我的帝国？”

“陛下，”威尼斯人答道，“别这样想。到那时，你自己将是众多象征中的一个。”谢谢大家！

特邀评议

主持人方创琳：有一点可以肯定，你今天在发言席上获得了话语权的空间，这是其他很多老师没有的。下面请吕拉昌教授对报告做点评。

吕拉昌：叶超博士给我们做了一个精彩的报告，也谈不上点评，只是谈一下我自己的感受。

我感觉叶超博士的报告给我们梳理了西方人文地理思维的几次重大转变，我理解它其实是学派的交替过程。前面谈到了对空间的解读，有许多涉及科学主义的、科学主义地理学的、人文主义地理学的、马克思主义地理学的，包括现代的、后现代主义的地理学，学科的交替对我们人文地理的思维产生了一种振荡。

这些学派都是在某一个时期，我感觉是随着西方社会不断变化和个人社会问题的出现而不断出现的。事实上有许多学派是在解决西方的一些现实问题，是在现实问题上提炼、概括出来的一些东西。我感觉到我们在分析空间问题的时候，所有的"主义"都可以拿来，这些"主义"都可以装进我们这个区域空间里。只不过我们在研究的时候、解构的时候，要看我们从哪个视角、哪个学派对空间进行解读，这是我的第一个理解。

第二个理解，叶博士对空间的解读也用了一些例子，这些例子都非常地能够结合某个学派，非常有意思。像上海浦东社会空间的形成，我感觉到它代表的是一种典型的中国城市增长机器的运作过程，这个增长机器里最重要的几个元素，其中一个当然是我们的政府，这是一个很主要的因素；另外一个是开发商和我们的规划师等等，这组成了我们城市增长机器的核心力量。在这个核心力量的推动下，我们的城市发生了巨大变化，像上海浦东这个地方，过去应该说是一个贫民空间，但是现在由贫民空间形成了很多类型的空间。一是这个地方可能形成了全球空间，也形成了精英空间，精英汇集的地方，而且这个地方也形成了极化空间，有精英分子，也有下面扫地的、看门的这些人，所以社会极化在这个地方也表现得非常特殊。

事实上空间的生产过程是一种关系的生产，是一种新的网络的生产，过去的网络、过去的关系正在过去，新的网络在建立，这是第二点体会。

第三点体会，我们现在这样一个知识体系，西方主导着我们体系的核心，我们处在边缘部分，在这个边缘部分，我们要向中心发起冲击，我觉得叶博士这篇论文主要谈的是西方的，西方人文地理思维的变化或学派的更替。是不是有一个建议，在前面加一个“西方”比较好，我觉得参考文献好像没有一篇中文的东西。

所以我在思考一个问题，中国地理学家的思维是不是停顿了？到哪里去了？我们的前辈做了那么多年的工作，难道我们没有形成学派吗？难道我们没有思想吗？难道我们现在要创造出一个新的学派吗？能不能把我们先辈们做的东西总结一下？事实上我感觉过去我们人文地理界标志性的人物提出的一些思维是非常好的，像吴传钧院士提出的地理学研究“人地关系地域系统”，我觉得可以把所有的东西，那么多“主义”都装到里面。问题是我们要把这个“主义”变成操作化的层次，它是一个大的理论体系，这个操作化的层次我们怎么建构？这其实是很多地理学家、年轻人需要做的东西。

像吴先生的“人地关系地域系统”，我也曾经反复试图理解，我从两个层面理解：一是一种“全息地域”的概念，这个“全息地域”就是地理的综合性，社会、文化、经济都包括了，所以在我进行第一个自然地理研究的时候，我们想把文化、生态、经济整合起来，研究一个地区的发展，这也是文化转向，强调区域发展的文化因素。我们的学科、我们的人地关系、我们的地理学思考问题，要从人地关系四点上着眼。我们谈论许多地域分工，经济学家与经济分工，事实上也有生态分工，也有文化分工，我们国家东部和西部也有文化分工和生态分工，因此这是一个全息的区域，全息的空间，不要光看西方的地域分工，人地关系的地域分工才是我们很重要的理论基础。主体功能区很重要的依据是人地关系的地域分工，我们应该强调我们的思维，我们的综合化思维应从这样的视点出发。谢谢大家。

自由讨论

主持人方创琳：下面进入讨论阶段。

刘卫东：今天他们的报告都讲到了“空间”问题，这也是最核心的问题，触到了地理学最核心的东西。我想问大家，“空间”对你们意味着什么？对我们地理学来说很悲哀的一件事就是我们用的每一个名词都是模糊的，我们用得都太模糊了，其实空间是有尺度概念的，每个人脱口而出是在研究空间，但你讲的是哪个尺度的事情？全球可以是一个尺度，微小到这个房间也可以是一个尺度。

叶超和陆玉麒讲的完全是不同的空间概念，我们一定要清楚我们在谈哪个尺度的事情，如果这点我们自己都没有意识到，我们没有办法沟通，跟人家别的学科沟通的时候人家不知道空间是什么，具体讲什么也没用。

空间是有内涵的，对于不同的学者完全是不一样的概念，比如我们搞社会文化方面、社会空间，比如叶超刚刚提到的几个概念。对于知识分子，可能到一个空间去感觉到的是那个空间是不是有一个很好的文化氛围，有一个书店、咖啡店。而对于低收入者，可能就是看看那个空间是不是有一个很便宜的饭馆。我们大家对这个空间的概念非常不清楚。

提醒大家注意，这个概念是我们非常核心的东西，但是概念本身是模糊的，需要我们非常谨慎地讲出这个概念。最后补充一点，我不是想反对陆玉麒教授的空间传统，空间分析是每一个地理学家都应该把握的分析工具，如果我们自己都去空间化了，我们地理学还能存在吗？我主要是从这个观点出发，抱歉。

周尚意：卫东说得非常好，空间是什么？我参加保继刚教授邀请我参加的社会学家和人类学家的一个沙龙，茶歇的时候和从国外回来的那些大牌讨论，我问他们反复灌输的是什么空间，我问他们理解空间是什么吗，他们说你们的老师怎么这么厉害，揪着他们讨论，最后他们不得不承认：我们的空间就是一个修辞。

地理学应该能够告诉他们：空间是什么，在不同尺度上是什么。我也坚持，因此我想说，我下一步的努力就是要用一套空间的东西来说文化，这个时候再把它放到区域的尺度上，空间的取向和区域的取向在地理空间中同样重要。

周晓芳：我是一个年轻老师，在这里同样有很多年轻老师和研究生，大家对这场学术盛宴非常渴求，也吃得非常香，但还是有一个感觉，听完两个老师讲的空间以后，我也很疑惑，两个字：困惑。

第一，听得有点云里雾里的，所以困；第二，越听越惑。

广东人喜欢用珍奇异兽招待远方来客，我觉得今天有点像广州的大餐，但越是这种大餐越吃不饱，吃不饱的原因是什么？我还是有点困惑。困惑在哪里？我感觉一个是空间的解释；另一个是人文地理听了那么多，我们的科学性、理论在哪里？这里有一个思路，刚刚听到周老师和很多老师讲，人文地理最后是不是应该有一个回归？因为这才是它的地理特性，一个自然地理学的回归，比如说回归到吴传均老先生的人地关系理论。不知道思路对不对，请各位老师指正。

人文地理学是自然科学与社会科学的桥梁，那么就是一个契合点，找到这个契合点以后，我们未来的发展方向是什么？昨天听冷老师说综合研究是被鼓励的一个方向，我想到综合研究上，刚刚说到吴老先生的人地关系地域系统，到了这个地域系统里说要涉及一个操作性的问题，最后落实到这里。我们年轻的老师应该怎么样把握这个方向？还有，怎么做？

7. 环境的变迁和变故对心理的影响

范　方

（华南师范大学教育科学学院）

主持人方创琳：还有一位重量级专家要给我们做精彩演讲，下面有请华南师范大学教育学院范方教授给我们做精彩演讲。

朱竑：我做点补充，范方老师在汶川地震第二天就中断了在美国的研究，举家回到了汶川地震的第一线，做创伤的心理治疗；尽管回来才两三年时间，但是已经在学术上成为心理学方面的一支重要力量。本身华师的心理学在国内是很 top 的，我们的人文地理学、我们的行为地理、文化地理有很多在借用心理学的方法和办法，但是我们没有科学，人家心理学是有科学的。

主持人方创琳：我不同意朱老师的这种说法，我们地理学本身就是一个科学。

朱竑：就像柴老师研究人的行为，或者研究一个人，问他你喜不喜欢我，有的说不喜欢，有的说喜欢，我们是通过深度访谈的答案来分析，心理学可能根据你的血压、血液、眼睛眨动的次数来分析。

主持人方创琳：下面有请范教授讲“环境的变迁和变故对心理的影响”。

范方：今天高人云集，我是一个外来物种，在这里跟大家讲研究感觉有点惶恐不安。我是研究临床心理学的，但是我们关注的问题有很多相通的地方，我们都关心人地关系、人与环境的关系，关心人和环境的交互作用。心理就是生理和生态交互作用的产物。心理学和人文地理学关注的焦点问题有很多是相同的。

近几年我们心理学也有一个人文的取向。心理学关注环境对心理的影响，有关于物理和自然环境的影响，也有社会和文化环境对心理的影响，也有变迁和变故对心理的影响。变迁一般是指所处环境和状况的变化，变故一般是指出现一个大的冲击性的事件。

关于变迁和变故对心理的影响，在这里我简单汇报一下四川地震灾后民众的心理创伤及其修复研究，以及我们基于研究所做的干预方案：

讲到四川地震就要讲心理创伤。环境的变迁或变故会造成“丧失”，丧失导致心理创伤。丧失往往由变迁和变故引起。有躯体或心理完整性的丧失；重要他人、重要角色和重要关系的丧失；社会单元及社区完整性的丧失；生存的物质和经济基础的丧失；潜在的未来的丧失（如失去孩子）；希望和梦想的丧失；核心价值观的瓦解（如失去安全感、可预测性、信任感）；等等。近年心理学和人文地理学有人在做迁移，有人在做城市化问题等，这些都与变迁、变故有关系。

心理创伤会导致心理障碍，甚至变成心身疾病；当然，还有的可能好了，走过来了，成长了，发展了，这样心理有了更强的免疫力，有了心理弹性，下次再遇到类似情况的时候就没事了。

导致创伤的事件大体有几大类。第一类是重大的突发变故；第二类是长期处境不利；第三类是早年的创伤经历，这种陈旧性的创伤，在早年很长时间可能都没有事，后来一个事件甚至是一个很小的事件把它激发出来，心理问题就表征出来了。

这是我们的研究，对四川震后继发的负性生活事件做的研究。主观的社会支持资源，创伤后应激障碍症状，我们发现不仅存在横向的高度关联，也有纵向的，可以做预测，可以做解释。

基于主观的社会支持资源，客观的社会支持资源，以及对社会支持资源的利用度和震后继发的负性生活事件与创伤后应激障碍症状的关系的研究，我们构建了一些干预策略。尽量想办法减少震后继发的负性生活事件是灾后援助的重要内容。另外，我们有四个动词，要指导这些人“寻求”、“构建”、“维持”、“利用”社会支持资源，这对他们灾后心理创伤的修复是非常有帮助的。这是干预的内容。

我们针对创伤后应激障碍症状的变化和转归做了追踪研究，发现不同个体变化转归的路线是不同的。我们从六个月开始追踪研究，灾后六个月内由于科研伦理问题不宜大规模地普查研究，我们一直追踪三年，现在也还在做一些后续跟进。地震六个月之后直到现在，有一部分人，约占研究对象的60%，没有问题。这部分人可能确实从地震开始到现在没有出现问题，也还可能有另一种情况，可能是原来出现过问题，在我们调查测评的时候已经修复痊愈了。所以这部分有两种人，一种是有抗打击能力的，从来没有出现问题；第二种是弹回的人群，出现过问题后较快地修复了。我们估计弹性修复的比较多，他们愈挫弥坚了，他们甚至比地震之前的心理功能、心理状况更好一些。

我们特别需要关注这样一类人群，在我们的样本中太约占3.6%，就是在震后的初期没事，六个月没事，一年没有事，后来慢慢地越来越恶化。震后自杀的、出现重大恶性事件的人大多是这一类人，因为刚开始得不到很多关注；一开始就表现有较严重症状的，反而能够得到较多社会资源的关注。灾后干预不仅要看当时的症状，还要看风险的因素。为什么他们变化转归的路线是这样的？我们从环境系统、家庭的、遗传的、家系的方面做了一些研究。我们在几个研究里发现，这3%左右的人群需要特别注意。

我们对震后几种心理问题症状变化的情况进行跟踪。在六个月的时候怎么样？再过六个月怎么样？再过六个月又如何？每一次的变化都有变好的，也有变坏的，每一次变好和变坏的影响因素是什么？我们使用大家关注的环境因素和生物学的变量进行研究，找出保护性因素和危险因素，然后提出干预方案。我们探讨了负性生活事件和创伤后应激症状之间到底是哪些因素在起作用，怎样起作用。为什么有的人遇到这么大的灾难没有事，有的人就出事情？

我们也研究了他们的应对方式、认知风格和其他因素的关系，我们也开发了一些干预方案。大家在地震之后可能都关注到广播、电视，还有很多其他媒体都讲到感恩，确实，我们研究发现感恩的心态和创伤的修复有密切的关联；通过进一步的路径分析，我们发现它通过两个路径起作用：一是有感恩之心的人，可以更好地利用、寻求、珍惜好社会资源；二是他们还可以有更好的把握感、控制力、心理弹性，自尊体系也比较好，更利于创伤后应激症状的修复。

现在我正在构思一个研究，我们对中山市火炬区青少年心理发展和影响因素做了一个追踪研究，当地政府支持我们做这样一个研究。火炬开发区是一个很好的研究样本，它在1990年开始建立，2000年初步形成规模，从我这里呈现的数据你们可以看到，它在十年里从一个相对偏僻落后的乡村变成一个和大家去过的天河城类似的高度发达的城区。中国在十年、二十年走过很多地方几百年的城市化道路。在这个过程中，本地洗脚上田的农民、外地引进的人才、外来打工的人，甚至各种国外文化背景的人走到一起，文化的冲突、价值观的冲突、阶层的变迁对他们的心理、对他们的行为风格、对他们的教养风格的影响，对他们的下一代、下下一代的影响，都是很值得关注的。

预研究已经发现这几类家庭的抚养风格是不一样的，几类家庭的孩子的学习成绩也有显著差异。我们想研究几个问题：

第一，家庭抚养风格的差异到底是怎样形成的？其变化转归会是怎样的？

第二，儿童学业成绩和焦虑、抑郁、睡眠及品行问题等心理健康指标差异的影响因素及其变化转归。

第三，儿童学业成绩和心理健康的危险因素和保护性因素及其作用机制。

第四，职业成就和幸福感的危险因素和保护性因素及其作用机制。

第五，儿童心理弹性的社会心理机制、基因多态性。

主要关注两个关键问题：文化冲突，包括价值取向、利他主义、马基维利主义等，对心理病理指标、幸福感、学业等的影响；另外，我们也研究遗传因素、脑功能因素和环境因素对儿童心理弹性的作用。

我们这里有一个研究路径，我们整群取二十个班做研究，对他们进行追踪研究，有一些研究指标就不一一介绍了，这是关于研究技术路线的介绍。

谢谢大家的关注，请大家批评指导。

特邀评议

主持人方创琳：刚才范教授从汶川地震心理辅导的方面又为我们开拓了一个新的研究领域和空间。汶川地震灾后重建规划我们都参与了，在这个规划重建报告里有一个重要工程就是心理辅导工程，可以说人文地理研究的空间可以由外部世界变到内心世界，通过对它的研究和疏导可以让笑的人变哭、哭的人变笑，可以实现想入非非的目标，想起来是很可怕的一件事情。

下面请刘沛林教授做点评。

刘沛林：范方教授的选题对我们搞人文地理的很有启示，对人文地理学和社会空间研究提供了新的视角和方法，我们讲和谐社会建设也涉及和谐社会空间的建设，从他的演讲里对人文地理研究有三点启示。

第一，人文地理的研究方法很丰富，可以通过不同的角度进行研究，可以做环境和心理影响的研究。

第二，人与环境的关系是一个复杂的关系，要善于从中寻找某种问题，结合汶川地震和火炬开发区的问题寻找问题，我觉得也找得挺好。

第三，在地理学研究中，我们很长时间以来对物质空间的位置研究比较多，比如当我们讲这个区域有多大时，几何空间的含义比较多。实际上像现在我们讲的空间概念，更多地是从以往的几何空间研究过渡到一种软空间的研究，或者叫做心理空间、精神生活空间。我们以前研究历史文化也有一些类似的实例：一个古村落，当人们走进去的时候，中心可能是一个祠堂；但实际上在人们的精神生活中，像广东这边，村口都有一棵大榕树，是人们有事没事都来这里议论问题的集结地，一旦把这棵大树砍掉了，人们的心理就无所适从，因此大榕树在村落虽然不是几何中心，却是心理生活的中心。

我在1996年发表过一篇文章，叫“中国历史文化村的精神空间”，当时探讨过这些问题，精神生活空间的探讨仍然是人文地理和文化地理重点探讨的方向。我觉得范方教授的演讲从不同学科的角度给了我们人文地理学很好的启发，谢谢。

自由讨论

主持人方创琳：下面进入讨论阶段。

刘卫东：我想问一下心理学里弗洛伊德的理论，能不能用在你们的这种研究领域？

范方：我对这个问题可以说三句话：

第一，弗洛伊德的理论在美国不怎么用，但是在中国很流行。

第二，它是一种哲学思想，更多的是解决比如“你为什么有恐惧症“这样的问题，在研究病因的时候用，但在治疗的时候不用，它是屠龙技术。

第三，心理学现在学派之争已经偃旗息鼓，我们不说我是分析心理学、我是行为心理学，我们都做心理学研究，没有学派之争。二十年之前如火如荼，天天斗，现在不斗了，都累了。

刘沛林：弗洛伊德心理学主要强调潜意识，人内在的潜在意识，实际上在文化地理学中到现在还是很有用的。一个民众、一个乡土社会在长期的发展过程中，会有一种心理疾病，这种心理疾病会影响人的行为，比如南方人和北方人会有所不同，贵州人和少数民族的行为可能影响他们的社会和经济，应该说弗洛伊德的潜意识理论现在还是有用的。

刘卫东：我最近看过一个书评，一个著名的心理学者把弗洛伊德的东西全部推翻了。

范方：这是新精神分析，可以说现在和人本主义、认知学派已经走向交融了，我们用它的思想开发出了很多可以做的研究。弗洛伊德是比较形而上的，你们谈得更多的是形而上的东西，但是我做的是形而下的。

吴志峰：今天大家对空间的探讨比较多，把空间分成精神空间、抽象的和实体的空间。我想问一下，纯抽象的空间或人的心理空间是不是地理学的研究范畴？要不要涉及？这是一个问题。

第二，即使到了实体空间，降尺度降到很小的时候，例如到了这个房间，园林设计和建筑是不是还是地理空间？在我理解的范围内，至少社区以上的空间才能作为地理研究的范畴；而且抽象的空间，像你刚刚研究的案例，包括火炬区的，应该和地理实体关联起来，才能有人文地理，甚至是我们的自然地理、GIS介入进去。

范方：我有一点点理解：心理和地理太相似了，心理是基于"心"去研究人与环境的关系；地理是基于"地"研究人与环境的相互作用。尽管我们关注的主题是一样的，但是我们的视角可以不一样，切入点可以不一样。

保继刚：这个问题可能是以后地理学需要回答的问题。研究的内容是只有感知空间，还是也包括你没有感知的空间？这回到了实证主义和后实证主义对本质的理解。如果搞不懂我们研究的空间是什么，如果有这么多代人做地理研究，到现在空间还是人类学家在对话，追问到最后我们的空间就只是修辞，到了这个程度地理学就虚无掉了。

8. 阶段总结评述

李 平

（商务印书馆）

主持人方创琳:下面请商务印书馆的副馆长李平教授做总结。

李平:让我来做总结确实有点勉为其难,我不是学者,更不是中国地理学会的副理事长,只是出版社的一个编辑。如果说有什么总结不到位的地方或肤浅的地方,请各位谅解。

从本小节的几个报告,结合上一小节的几个报告来看,从我们谈论的问题来看,越来越像沙龙了。我个人有一个理解,沙龙应该多谈点理论,多谈点方法论层面的问题,少谈一点具体的问题。从这一小节的主题论题来看,是符合沙龙宗旨的,这是我的第一个感受。

第二点,听了本小节几位学者的报告,特别是陆老师和叶超博士的报告,我觉得非常受启发,他们两位对人文地理学当中最重要的一个传统,空间研究的传统进行了反思和梳理,我觉得这是非常好的一件事情。

中国的人文地理学发展到现在,真的需要一种很好的反思和总结。长期以来,我们在拿来或引进的过程中,在很多问题的层面上缺少反思和梳理。举一个最简单的例子,刚才讲人文地理学当中的空间传统,一个最重要的表现形式,直接引发了计量革命,人文地理学的空间传统成为了地理学重要的空间传统之一,占据着重要地位。

之后的五六十年代,计量革命在西方如火如荼;到了七十年代之后,西方地理学家对计量地理学进行了反思和批判,此外,在西方形成了行为主义地理学、人本主义地理学,马克思主义地理学等等一系列的东西。我们中国的现状是怎样的呢?八十年代,改革开放的时候,我们刚刚开始提倡计量革命、计量运动。换句话说,西方对计量地理学、计量运动批判最厉害的时候,在中国恰恰是计量革命刚刚兴起的时候。发展阶段不同,并不是说西方批判的时候我们一定要跟着批判,按照中国当时的发展阶段来看,计量革命完全有必要。但是有一个问题不知道大家注意到没有,我们在当时发表一系列关于计量革命、提倡计量运动的文章的过程中,很少提到西方同时对计量运动进行批判。我觉得这是一个需要关注的问题,我们在引进的时候并没有把西方对计量革命的批判文章同时引进来,如果我们能把反思和批判同时介绍进来，会让我们避免很多弯路。

现在我们回过头来对这些传统进行总结，我觉得也不算太晚。刚才很多老师都谈到人文地理学要科学化还是要人文化，我觉得很多老师都谈到这个问题，我在谈之前，想对张小林老师的一个问题做一个回应。他提到中国的人文地理学现在徘徊在科学主义和人文主义的十字路口，其实我的感觉是，从中国目前人文地理学的研究现状来看，还没到十字路口徘徊的阶段，我的感觉是中国的人文地理学研究，仍然还在科学主义的康庄大道上昂首前进。

我听了几位老师的报告和大家的报告后，这种感觉更加地突出。

提个问题，科学主义和人文主义一定是矛盾的吗？这是我的一个困惑。为什么中国的人文地理学家更强调所谓的科学化？记得从我刚刚进大学开始，一直到今天，关于人文地理学是不是一门科学，到底科学性表现在哪些方面，就一直在争论，刚才心理学家说已经不争论了，而地理学家还在争论。

为什么人文地理学家特别在意科学化的问题？是不是跟我们特别强调我们的学科要为国民经济建设服务这一点有关系？中国的传统文化强调作为科学要有实用性，要为社会建设做出贡献。我有另外一个困惑，但是按照西方的观点讲，科学是什么？科学是不讲功利性的，科学是非功利的。这些事情怎么理解？刚才我也在向江莉莉教授请教这个问题，江莉莉教授说两方面都要兼顾，除了讲非功利的一面，完全脱离现实世界也是不应该的；但是不是一定要像一些中国的人文地理学家那样实用主义？我觉得不能把科学主义和实用主义等同起来，这是需要我们反思的一面。

我觉得人文地理学在中国除了有实用性的一面，可以为规划提供服务之外，如果一定要强调实用性的话，它还应该有另外一个实用功能，它还应该有一种所谓的教化功能，这个词不一定准确。我认为它应该更多地产生思想，在思想的层面来丰富我们人的情感世界，丰富我们的内心世界。人文地理学是研究人地关系的，人和自然的关系，这是我们人存在于这个世界上永恒的话题。我们的人文地理学家能不能也从另外一个角度关注一下这个话题？这个算不算实用性的一面？

我想到了一个例子。大家都很熟悉段义孚，他在1992年出版的一本书(*Topophilia*)，连续五十二周在《纽约时报》的畅销书排行榜上有名。所以我觉得如果人文地理学家能够产生更多的思想，除了有教化功能之外，还能对其他学科有更加深刻和持久的影响，这对我们学科地位的提升也是有好处的。

人文地理学有知识的因素，我们人文地理学还应该有思想的因素。有一次在地理所沙龙会议上保老师也谈到人文地理学家应该更多地产生思想，这是我的一个看法。

我们在对西方地理理论引进的过程中，无论是拿来主义还是修正主义还是本土化，我觉得可能更多地都是关注这个理论本身，拿来的是理论，修正的是理论，本土化还是关心怎么把它的理论与中国实际结合起来。但还有另外一面，我们可能还要更多地关注理论产生的社会背景和文化背景，如果我们不把西方这套理论产生的社会背景和文化背景研究透彻，就很难做到修正主义，也很难做到本土化。

以上是我简单的总结，谢谢大家。

主持人方创琳：今天上午本小节讨论到这里结束，最后让我们以最热烈的掌声对三位演讲者、三位评论人和总结教授的付出表示感谢。

（午休）

第二部分

人文地理学研究的传统与创新

主 持 人:张平宇　中国科学院东北地理与农业生态研究所

主题发言:罗小龙　南京大学建筑与城市规划学院

　　　　　单习章　华南师范大学地理科学学院

　　　　　何深静　中山大学地理科学与规划学院

　　　　　汪明峰　华东师范大学中国现代城市研究中心

评 议 人:林　耿　中山大学地理科学与规划学院

　　　　　明庆忠　云南师范大学旅游与地理科学学院

　　　　　甄　峰　南京大学建筑与城市规划学院

　　　　　柳　林　中山大学地理科学与规划学院

总 结 人:柴彦威　北京大学城市与环境学院

1. 快速城市化进程中的乡村衰退研究

罗小龙

（南京大学建筑与城市规划学院）

主持人张平宇：各位老师、各位同学，下午第三节现在开始。上午的报告确确实实是我们人文地理学的一个饕餮大餐；中午的餐也吃得非常好，但非常快；下午也是快餐，有四位进行汇报演讲。

第一位是罗小龙，我看了一下他的简历，1995 年至 2002 年本科、硕士阶段都是在南京大学读的，2002 年至 2005 年在香港中文大学获得自然地理学博士学位。回国之后，尽管年轻，履历却比较丰富，在南京地理所工作过一段时间，现在又在南京大学工作，是南京大学城市规划设计研究院城乡规划与政策研究中心主任。值得祝贺的是，他今年获得了 2011 年第十一届全国青年地理科技奖，他主要从事城市和区域发展规划的研究，也有这方面的研究成果。下面大家欢迎罗小龙。

罗小龙：感谢华南师大朱校长，感谢人文地理专业委员会给我这次机会和大家交流。我讲之前先做一个小广告，我们南大刚刚成立了一个人文地理研究中心，我希望大家关注我们这个中心的发展，希望同行和兄弟院校继续支持。

今天汇报的题目是“快速城市化进程中的乡村衰退研究”。

现在沿海地区的经济和城市发展，大家都很关注，但是目前在中西部地区的乡村已经出现了乡村衰退，所以我们从城市化的视角对山西省进行了实证研究。

在现有的研究中，曹广忠教授研究了移民的中、西、东部差异，在他的研究中，有好几千万农村人口流入了东部地区。刘彦随等教授研究空心村，从空间上对村落的聚落形态进行研究。在进一步的研究中，我们要更关注西部乡村社会的变迁。我们的案例选择了山西省两个县——沁县和武乡县——的村庄。两个县位于太行和太岳两山之间，都是贫困县。

在案例地区，沁县和武乡县外出务工人员比较多，沁县农村劳动力总数为 5.64 万人，长期在外和季节性外出人口加在一起共 3.7 万人，大概占劳动力总数的 60%—70%。我们选择了三个村庄进行研究，其中北涅水村位于武乡县，侃村、元王村位于沁县，这三个村落的特征是户数从 98 户到 380 多户不等，在研究方法上采用问卷调查法，随机抽取了 266 户，调查内容涉及劳动力转移、收入方式、宅基地变化等相关基本信息，另外对32户农户和村长进行了深度访谈。

这三个村庄有60%以上(北涅水村有57%)的家庭都有外出务工人员，而且在务工人员构成上，家里有一个人外出的占60%，2人外出的也达到了30%。在所调查村庄中，村庄的外流人口接近一半。这些人出去之后是不是经常回来？从我们的调查统计可以看到，有40%—50%的人每年只回来一两次；还有30%的人是不定期回来，因此我们可以看到乡村的人口衰退是大势所趋。在空间上，我们也调查了村庄中心的地方，农户的住宅在衰落，但是外围建设了一些新的住宅。

在调研过程中我们发现乡村衰退有这样几个问题：

第一，老龄化非常严重。45岁以下出去打工的村庄人口，在北涅水村占95%，在倪村和元王村也分别占80%、90%；村里剩下的人叫386199部队，38是妇女、61是儿童、99是老人，衰退是非常严重的。留在村里的妇女、老人、儿童靠什么生活？我们做了家庭养老情况调查：这三个村70%—80%的老人的生计都是靠自己维持的，子女很少寄钱回来，他们维持生计一部分从农业上来，另一方面做点小买卖，赶集挣点钱。为什么子女不寄钱？我们了解到，(许多人)出去打工两三年没有拿回一分钱，挣一个花一个。另外问一个妇女，她讲大儿子还勉强可以负担自己，但也不寄钱回来，二儿子自己挣的都不够花，还要家里补贴。总体来看，八零后、九零后农民工和七零后、六零后的农民工不一样，是“月光族”。

第二，留守儿童和教育问题。我们调查了解到大概有20%—30%左右的农民工把子女留给父母，主要是家里的老年妇女在照看。但是农户出去打工带着子女在外面上学的现在也占了一定的比例，三个村不一样，最高的达到34%，低的分别接近10%和8%。这给乡村地区带来新的问题——留守儿童的教育问题。比如有妇女反映孩子他爹经常不在家，平时家里里里外外都靠她打理，没有时间管孩子，他学成什么样就是什么样。此外，在改革开放初期，每个村里都有小学，但是现在有的村里的小学根本招不到学生，留在村里的孩子越来越少，附近很多村庄的小学已经没有了，学生上学要到七八里外的邻村小学。以前一个村的小学每个年级都有一两个班，现在有些学校整个学校只有六七个人，乡村教育问题不容忽视。

第三，传统乡村社区的瓦解。乡村的邻里社会现在有了新情况，外出的常年在外奔波，和村庄的联系已经不那么密切了，即使回家也是短暂停留，和村里绝大多数人开始疏远，一些年长的人甚至不认识村里的年轻人，原有的乡土社区正在瓦解。

通过调查研究，得出四点简单结论：一是中西部地区人口外迁，农村出现衰退和转型；二是老龄化现象严重；三是留守儿童需要关注，乡村教育亟待重建；四是传统乡村社区正在消失。这是我们研究的几点结论。

我的汇报就到这里。

特邀评议

主持人张平宇:下午还有四位著名的学者给我们几位报告人进行点评,下面请林耿老师针对这个报告做一下点评。

林耿:我不做乡村研究,请我做评议我有点承受不住,乡村的问题在平时的教学科研里也是非常关注的,主要是提出一些想法,供罗老师和各位专家一起学习。

这个题目是一个非常好的议题,非常翔实,通过它我们看到中西部乡村的很多问题,空心化、人口外迁、老龄化等等问题。乡村研究在目前来讲有一点是非常好的,是一个学术性、应用性都非常强的领域,学术性的探讨是一个非常严肃的问题,但是在国家的经济发展里又是需要迫切解决的。

罗老师提出的这些问题除了学术的回答之外,更主要的,还需要产生社会意义——我们应该如何去面对、解决?其影响的程度甚至会超过学术上、思想上的某种突破。这是我的一个看法。

关于快速城镇化的乡村衰退,我自己觉得有两点,希望跟各位学者做一个探讨:

一是在快速的城市化之下,无疑乡村的空间结构、经济社会结构正在重构,如果说得比较狠一点就是在瓦解,这样会带来问题。城市和乡村的本性是什么?随着城市本身的快速发展,城市个体在沿海发达地区发展非常快,在不断壮大。也就是说我们以前对城市性的理解,对城市主体性的理解,可能会随着城市的发展壮大,产生另外一种视角和眼光;同时在乡村也一样。我们现在所看到的乡村的发展会不会瓦解?但是立足于以前乡村的自然状态,在当前这样的冲击下,主体在发生变化,在当代城市地理学中,如何重构城市和乡村的主体性?

中国已经回不到以前的乡村和城市了,如果对城市和乡村本身的主体性没有一个很明确的答案,我觉得对一些问题的延伸和探讨也会碰到一些障碍,这是我的一个思考。

二是研究尺度的变化。刚刚罗老师很好地讲到了中西部乡村的发展,我觉得中国的发展,乡村的研究在空间尺度上可能应该有一个更大的变化,应该将内地的乡村系统,跟整个沿海城市系统连接起来考虑。这里看到的种种问题,我们可以看到上面的四个问题,其实它的答案可能会在沿海这边，也就是说，沿海这边的快速城市化，跟它同步产生响应的是中部的乡村地区。所以乡村研究必须置身于整个西部的乡村系统，再跟城市系统结合起来，甚至从更广的范围，从一个更大的空间尺度看待乡村的问题，可能这样会产生更多的答案。就像你刚刚提到的，消费方式，买手机的问题，这个问题完全是由城市这块产生的，这是我自己的一点肤浅思考。在研究主体的主体性和我们看待问题的空间尺度方面，可能有比较多可以探讨的地方。谢谢。

自由讨论

陆玉麒：我有一个想法，在我们国家快速工业化和城市化的过程中，对这样的现象如何评估？用什么样的术语表述？为什么会出现这些现象？能不能用“衰退”来表达？我觉得这些是必然存在的现象，如果这些不出现就不叫衰退。城市化过程带动本地和中心地区变迁，农村出现衰退，但它算衰退吗？衰退是好事还是坏事？我觉得这是必然会出现的现象，可以说是一种演化的状态，但是不是一定就是“衰退”的情况？

系统本身应该演化成什么样子？乡村这块我没有做专门的研究。

罗小龙：你这个建议确实很好，我们也在考虑，在目前这个阶段，没有办法评估到底是好还是坏。大家知道城市化更多的是好处，虽然有负面的，这可能是城市化过程中出现的必然的东西，但如何评价？大家都在关注城市怎么发展，都在关注发展，我们可以拿来很多研究基金，研究所的钱、政府的钱。我现在在考虑乡村到底会衰退到什么程度，当然，“衰退”是打了一个问号的；另外，我们发现现在城市也出现了衰退，不光是中西部的城市，甚至是东部的城市，现在很多地方就是一个死城。我们做完后，是不是也要把城镇考虑进去？能不能用“衰退”我心里也有一个问号。我一直在想用什么词把“衰退”给替代了。

陆玉麒：农村发生的一些新问题，是不是一定要用“衰退”表达？

林初昇：既然是沙龙，我也想提个问题，不是针对你这个，我觉得大家在理论和方法方面都可以讨论。我有两个问题，第一个问题：树木和森林之间的关系。你挑了个例子做研究，看到了树木，看树木的研究对我们认识整片森林的启迪在哪里？

第二个问题,你这个研究得出了四个结论,用英文说是 finding,是不是真的 finding? 所谓“finding”就是原来不知道的,现在知道了显得很惊讶。比如我的手机找不到了,结果别人给找到了,感到很惊讶。你得出的四个结论在你没有做研究之前,可能别人也能想到。年轻人都离开了,剩下的就都是老人。

刘卫东:我也对小龙的报告有一点感觉,因为这个现象我们所里搞农业政策的人也在研究,我比较一下你们使用的不同的研究方法,感到很有意思。比如刚才小龙婉婉地道出了一个故事,把他在调查过程中遇到的个人观点和看法都讲出来了,最后有一些结论。当然,这些结论不管有没有调查,靠逻辑推理也可以想到其中的一些。

农业政策研究中心就是做很多调研,做很多问卷,通过统计学的方法找到更深入的结论。当然,我也怀疑他们的结论,比如他们通过做一个回归分析得出某种结论,也不是完全可靠的,但是代表另外一个研究方法。

一些乡村内部空间怎么发生变化的研究——哪些是兴起的地方,哪些是内部衰退的地方,哪些是值得内部整理的——也是对乡村内部地理小尺度空间变化的描述。你现在倾向于搞社会文化方面多一点,这是三种完全不同的研究方法,我也不能做一个特别定论的评价说哪一个不好,但是这些不同的方法需要不同的特点。

你刚才讲到你觉得自己是去空间化的,我想这是有原因的,就在于你关注的尺度、关注的点,你研究的是一棵树,这棵树本身很难体现空间,当然也可以研究。空间性的东西代表一个尺度的变化,当你把一个点的东西和其他地方联系起来,空间就出来了,放在一个大的城镇化过程里看,空间就出来了。但如果一直想伸到那边去,老龄化、留守儿童这些,就又跑到别人那里了。要回归到地理的内涵里,不要在特别小的微观尺度上、在微观的点上做,这就是你自己感觉的:怎么做来做去不像地理了?

张小林:刚才听了罗小龙的报告,很好的一点是,做了很基础的调研,揭示了一些现象,农村的衰退问题是客观存在的事实,但是我听了以后感觉还不是很过瘾。

第一,我们做了基础调查之后,做了基础案例调研之后,究竟研究什么?调研揭示了一个现象,从案例得出现象、把现象揭示出来之后,我要研究它什么?它带来了什么样的影响?刚才卫东教授也讲了,我的研究对区域、空间、地方会产生什么样的影响?衰退的过程及未来的走向是什么样子的?不要看着感觉好像是一个调查报告。然后再进一步发展之后,乡村会衰退到什么程度?我们用反证来推,中西部地区在快速城市化进程中,可能有部分乡村是衰退的,可能也有部分乡村是发展的,这个怎么来解释?衰退下去之后产生的效应、效果是什么样子的?是不是部分村庄会消失,或者传统的社区会消失?带来的是不是一种新型的社会乡村的出现？供大家参考。

主持人张平宇：这个问题是我们国家乡村城市化、乡村发展，乃至探讨城乡关系、城乡区域关系的很大的问题和命题。实际上这个问题在东北地区也开始出现，在中部和周边地区，以前我没太注意，现在也同样存在这样的现象，要从更好的角度进行研究。

2. 生态健康观——地理学研究的新领域

单习章

（华南师范大学地理科学学院）

主持人张平宇：下一位报告人是单习章，他从香港大学拿到博士学位后来到华南师大工作，回来的时间不太长，一年多。

单习章：刚才我听罗老师的报告时有一个感觉，就是学科问题。我们研究的一些东西、一个问题或一个对象，属不属于地理的东西？我们用的方法是不是地理学的方法？套路是不是地理学的套路？如果按照这个思路推下来，接下来我要讲的选题可能就属于“不伦不类”了。

我这个选题你说它是属于健康、医学，还是属于地理学？说实话我自己到现在为止只能给它下一个初步结论：是一个交叉学科，或者是几个学科的结合。这是比较开放的话题，希望大家给予更多的批评指正。

今天报告的题目是“生态健康观——地理学研究的新领域”，主要是想从生态健康观出发，看我们地理学在此领域能够做些什么。这是我的出发点。

主要内容包括生态健康观的内涵、生态健康观的由来、国内外研究现状、大陆现在面临的健康形势，以及我本人对地理学研究的几点肤浅思考。生态健康观的英文表达是“ecological view on health”。生态健康观的内涵：强调环境对健康的影响。传统研究关注的点在个人本身，即个体健康行为对疾病、亚健康状态的影响，个人因素作为一个主要因素。后来慢慢发展，不仅强调个体因素对健康状况造成影响，也开始关注环境对健康的作用，包括自然环境/物理环境和社会环境等对人体健康的影响，这是一个新的变化和趋势。在这样一个对健康影响因素认识发生转变的基础上，接下来研究的角度也发生变化，不再从个体入手了，而是从环境入手，强调环境，包括自然环境、社会环境。

这里有一个模型，是巴顿（Barton et al. 2009）做出来的。中间的圆圈加上紧靠的外环指的是个体本身，比如社会人口属性——性别、年龄，等等；还有生活方式，如饮食习惯和体育锻炼等，总之这些都与我们个体相关。再往外面，就是我们所生存的社区（社会资本和社会网络），建造环境、自然环境，直至全球生态系统。对健康影响因素认识的转变，导致了研究健康的视角也相应地发生了变化。

生态健康观最早诞生于上世纪六十年代，起源于公共健康领域，说实话跟地理没有多少关系，其后慢慢被大家淡忘了；然后到九十年代早期又开始热了。就像刚才罗老师说的，城市化有很多好处，但是也有弊端。城市化带来生活方式的转变，生活方式的转变带来很多现代所特有的当代病，尤其是非传染性慢性流行病。听起来比较拗口，举个例子，比如“三高”：高血脂、高血糖、高血压，还有体重超标/肥胖、工作压力大，很多人处于亚健康状态。这些大都与生活方式的转变有关，经济条件好了，很多城市里的居民有了私家车，有私家车的人知道，别说跑步了，连走路的时间都少了很多，这就是由于生活方式转变所带来的健康问题。

传统的健康观认为，一种疾病肯定有其病因，往往是细菌、病毒、中毒等引起的，但是上述的非传染性慢性流行病不是由一个具体的病毒引起的，而是由生活方式引起的，而且也不是一觉醒来就变成了大胖子，是每天慢慢积累下来的。针对这种情况，传统的环境健康，或者是医学干预措施，无法有效地解决当前的这些新的健康问题，因为其都是针对个体而非环境因素的。

举两个例子。首先是戒烟，之前的戒烟措施大都是针对个人行为的，但是效果不明显。后来进一步研究发现了一个问题，比如一个人朋友圈中大部分人都抽烟，即使他把烟戒了，但如果身边总有人抽，就会忍不住，结果又抽上了，这就是社会环境对人的健康行为乃至健康结果的影响。还有一个更有说服力的证据，源于生物学。导致人类肥胖的基因，从生物学的角度来说在一个有限的时间尺度上不会发生大的变化，基因不会导致肥胖，因此问题很有可能出在我们所身处的环境上。

国内外研究现状：国外的研究是从社会经济角度切入的，人文环境考虑比较多。最初是社会经济和人文环境，欧美国家做得比较多，但由于对社会经济和人文环境的研究结果只能够提供部分解释，尚有一部分解释不了；所以近十几年来，对自然环境和物理环境的关注在逐年上升，同时把自然/建造环境和社会环境纳入一个研究当中，也是大势所趋。

国外在慢性病方面的研究主要集中在肥胖、超重、缺乏体育活动和心血管疾病上，心理健康有所涉及，但相对较少。

再看看国内的情况，我一直很困惑，到现在都想不明白。地理学没有做相关的研究还可以理解，因为国内人文地理研究主要集中在经济地理、区域地理和城市地理。令人费解的是，大陆的公共健康领域也很少有类似的研究出现，印象中我手头有的大陆发出来的相关（英文）论文应该不超过十篇。国内做现代城市病问题研究的，很少。

目前大陆的相关研究还停留在传统的环境健康研究阶段，主要集中在环境污染的健康影响，空气污染、水污染、噪声污染，尤其是水、气的污染对于人体健康的影响，关于现代非传染性慢性流行病，很少有人做。

几点思考：

因为生态健康观本身综合性很强，而地理学两大特征之一就是综合性、整体性，有利于把自然环境和社会环境融合在一起来做。英国的肖特（Short，2011）就提出要回归传统，把自然环境也包括进人文地理学所常用的环境，而不再单纯地或更多地强调社会环境。

学科最好还是综合一点，不要过度分化，可持续发展、公共健康、气候变化等任何一个当前所面临的紧迫问题，都不是任何单独一个学科能解决的。地理学还有一个独特的优势就是尺度研究，这里不再多讲了。

对于环境的再认识，生态健康观里面突出的是环境，我想应该至少包括下面几个方面：一是自然环境/建造环境。二是社会文化（道德）环境。举个例子，针对肥胖，尤其是女性，社会主流审美取向是喜欢苗条的，这对（肥胖）女性可能造成困扰，甚至产生自卑和被歧视感，因此可能对女性的心理健康产生影响。三是经济环境。无论常识还是研究结果都表明贫穷是导致健康问题的主要原因。四是政治环境。开放自由和封闭压制的政治环境对公众健康有着截然不同的影响，这里就不展开了。五是食物环境。现在有一个术语叫“食物沙漠”，说西方国家往往中心城区是贫民窟，在比较贫穷的社区里，大型超市通常比较少，蔬菜水果的供应较少；但在富人区，因为购买力的原因，水果蔬菜反而多。在市中心主要是不利于健康的肉类等，所以起了一个名字叫“食物沙漠”。食物的选择关系到饮食结构和营养组成，因此生态健康观也应包括食物环境。

焦点与难点。在这里强调一下焦点，因为当前国内在这方面做得很少，迫切需要做的是尽快把对健康具有影响的环境要素找出来，进而确定哪些要素对健康起主要作用，以便为制定相应的干预措施和公共健康决策提供依据，我想这应该是首要的。

决策应用。从地理学的角度来说，研究结论可以为公共决策服务，如健康城市规划或住区设计以及公共健康干预措施。我和一些城市规划领域的学者私下交流，他们也想在健康城市规划这方面做工作，但目前还没有启动。其实在欧洲，1998年的时候，世界卫生组织欧洲健康城市网络就已经启动了，已经历第三期（1998—2002年）、第四期（2003—2008年）了；而我国在这方面还比较滞后，现行的城市规划依旧沿袭传统的经济社会主导模式，很少考虑公共健康。

就像我开始说的，这个选题和我的思考都是开放式的，衷心地渴望在座的专家、同仁能给予中肯的、富有建设性的批评和指正，谢谢大家。

特邀评议

主持人张平宇：下面有请明庆忠教授对他的报告进行点评。

明庆忠：各位下午好，我是来自边疆民族地区的，我主要做旅游地理，说老实话对这个方面也不是太熟悉，所以做这个评议勉为其难。单博士选的题目非常好，生态健康观作为地理学的一个拓展方向，从理论和方法上给人文地理做了一些推进。

从大家对公共安全和健康国家的关注和需求，以及符合社会经济发展的方面看，这篇论文在题目上和内容上都是比较新颖的，也就是把学术性和实践性有所结合，这是基本的看法。

这个领域在国内还是有着优良传统的。以前的环境地理学这一块儿，实际上在这方面——包括一些地方病比如克山病等的研究——开展了很多工作；近些年在河流、湖泊、森林等方面进行了一些生态系统健康研究，尽管从自然过程方面反映得更多一些，但是对这些方面应该有所促进，这是第二方面。

第三方面，作为生态健康这个领域的推广，实际上世界卫生组织在关于健康的定义上已经有所改变，实际上从单纯的人体健康模式，已经改变为生理、心理、社会、医学的健康模式。而且世界卫生组织已经把这个作为健康的基本条件，并且做了一些限定，比如住房、教育、经济收入、食品稳定的生态环境、可持续资源，社会公平或平等，等等，实际上已经都包含进来了。同时也有一些研究表明，世界上25%的疾病和死亡都是由环境因素造成的，尤其在这里面有一些儿童，所以里面包含了自然环境、社会环境和人文环境。人们对一些重大污染事件、环境事件的关注，更是从人类健康观方面做了很多拓展。

关于生态健康观，实际上形成了四个方面、三个层次或三个过程的研究。一个方面是人们的一些生理或心理健康，这是从医学的角度来说；还有从生产和消费过程来讲的一种健康；另外还有景观可持续，从生态系统的格局和生态系统功能来看的一种健康，我前面提到的森林、湖泊、河流的一些健康就涉及这些方面；人类的生态意识、生态观、伦理文化方面的健康。这是精神层面的。另外还有三个层次，实际上形成了一个人类生活的物理或生活环境层次。三个过程涉及自然过程、生产消费流通的经济过程、认知体制技术和文化过程，这三个过程是一个社会过程。

地理学要在这方面发挥作用，单博士已经给我们提供了一些启示。有几个问题可能值得我们关注：一是我们关注生态健康这么一个大领域，我们的研究对象和层次是什么？我们关注的究竟是哪一个主要的城市？究竟是以空间层次为主体，还是以时空过程为主体？我想这是值得讨论的问题，我们是否可以借鉴以前环境地理学的研究，从地标、物质元素的迁移，或对人体健康影响的角度考虑？我想这是一个问题。

作为一个分支领域、分支学科，我们能够得以梳理的就是研究的视角和方法问题，我们究竟选择哪一种方向？在下一步的研究当中我们应当关注一些公共卫生和公共健康，发挥地理学优势。围绕社会需求和发展的问题，地理学应该采取什么视角？究竟从哪个角度切入？我想这可能是最值得关注的一些问题。由于时间关系，我简要地说这么几句，不对的地方请大家批评。

自由讨论

主持人张平宇：谢谢明教授。

甄峰：很高兴看到单博士的方向，选题非常好，在当前的发展环境下也非常有意义。健康城市化、健康城市的问题，西方也做了很多。在城市规划领域，我去年给秦皇岛做了一个健康产业园区的规划，但是研究得没有你那么深，我们更重视医疗健康休闲产业。

主持人张平宇：前几天我去智利开会，和王谷一（音）老师在一块儿，他说现在医学地理、环境地理叫健康地理。刚才单博士讲生态健康，我觉得他讲完之后我也很受启发，刚才明教授也给予了点评。到底是从生态视角切入还是从地理视角切入？传统的地理和医学地理的研究方法和思路，怎么进行结合和发展？再一个是方法问题。现在社会确确实实蓬勃地向前发展，新现象、新事物层出不穷，也包括新观念、新事物。在面对新的研究要素的时候，我们如何坚持住地理学最经典的研究范式？这不仅仅是人文地理，也是各个方面都需要共同思考的。

3. 全球本土化语境下的中国城市研究

何深静

（中山大学地理科学与规划学院）

主持人张平宇：下面第三位报告人是何深静，她是来自中山大学地理科学与规划学院的副教授。我简要介绍一下她的个人经历，她 1995 年至 2002 年在南京大学相继获得学士和硕士学位，2003 年至 2006 年在英国南安普敦大学获得博士学位，2008 年被中山大学以“百人计划”形式引进中山大学地理科学与规划学院，现任中山大学的副教授，主要研究城市地理和城市社会地理的一些新趋向，包括绅士化、去中心化、城市贫苦以及住区等问题。

何深静：非常感谢组委会给我这样的机会在这里和大家交流。我在提交之前不知道分组讨论的主题，因此我这个题目可能有些偏题。关于中国地理研究的本土化和全球化的问题，上午大家已经谈了很多，不知道我再谈能不能有一些新的想法和大家分享。我本人是从事城市方面研究的，主要针对中国城市研究的具体问题进行了一些简单的分析，在这里和大家分享一下我个人的理解。

我的报告主要分为四个部分：首先谈谈中国城市本土化与全球化的问题和现状；第二，通过对以中国城市为主题的一些国内外论文发表情况的简单分析与对比进行探讨；第三，作为海归学者，与很多在座有类似经历的同事们一起，探讨一下如何实现全球化、本土化的议题；最后提出应该进一步探讨的议题。

背景是关于中国的崛起和对中国一些问题的关注，早上林教授已经谈过了。二十一世纪也被称为城市的世纪，城市问题，尤其是中国的城市，受到了很多的关注，这也促使中国的城市研究从本土化走向了国际化。所谓的国际化有两个含义：首先是国际上城市研究的专家开始关注中国城市；另外一个含义，中国本土学者也试图在一些国际学术交流场合——包括会议、论文的发表等方面——向全世界介绍中国的一些经验和具体问题的探讨。

既然我们要谈全球化的问题，我想先以西方学界的转型作为一个研究的背景。当然，关于一些转型上午谈了很多，比如 cultural turn、institutional turn、relational turn、spatial turn、comparative (re)turn，大家也比较熟悉了，我就不再花时间讲了。我所关注的是最近城市研究里的一个趋势，就是所谓的 comparative urbanism，对中国的研究进入国际城市研究领域是比较有意义的。comparative urbanism 在上世纪七八十年代比较流行,它首先承认差异化普遍存在的规律,才有了 comparative urbanism 的视角和意义。comparative urbanism 的视角在 1980 年代后有所式微,到了近期又有很多学者把它提出来,认为对于理解非西方背景下的一些城市现象和研究非常有意义。它首先承认所有的城市都是有差异性的,所以不存在主流和非主流。不同城市因为其植根的地区或社会制度背景等不同而存在差异。comparative urbanism 强调不同个性的城市之间的比较。这也和整个学界对 urbanism 的讨论是密切相关的。非西方的城市到底是向西方城市靠拢,还是从西方模式分化出来? convergence or divergence? comparative urbanism 着重比较不同类型城市间的差异。

对于中国的城市研究,在中国学者当中也已经有了非常多的反思。今天早上听了很多,大家也和我们分享了他们的看法。这里我列出来一些近期期刊上的文章,包括在座的很多老师所发表的一些文章,大家可以看一下,他们的观点我们早上也学习了很多,我就不具体谈了。

第二部分内容,我搜集了一些关于中国城市研究的文献,从 1986 年到 2011 年的。我把文章搜索出来了,这仅仅是一个 search 的工作,还没有花时间对它们进行 research。

首先来看国内城市研究的情况。我搜集了发表在地理类期刊上的一些关于城市研究的文章,还有城市规划类期刊上的文章,也都列出来了。以"城市研究"为主题词,在这些期刊进行搜索,最后得到了四千多篇文献。这是文献增加变化的情况。我们可以看到,九十年代初之后,城市研究可以说是处于起飞的阶段。这个时间点也是我们国家土地改革和其他方面经济改革起步的阶段,也是对城市问题日益关注的阶段。

再看一下国际上以英文发表的文章的统计情况。我在 SSCI 收录的两个领域(一个是 urban studies,一个是 geography)进行搜索。在 2002 年前也有一些对中国城市的研究,但 2002 年之后关于中国城市研究的英文文献开始有了一个量的飞跃,论文的数目也逐年增长。我还对比了一下中英文文献的关键词,将出现频率最高的前十位进行对比。我们看到中文文献里"城市规划"出现的频率最高,用红颜色标注出来的是有差异的地方。比如中文里"城市规划"、"空间结构"、"城市群"、"可持续发展"都是频率出现非常高的。而英文则不是这样。

下面再具体分为地理类和城市研究类,我们也看到了一些类似的差异,由于时间关系就不仔细讲了。我们还对比了一下发表论文比较多的机构,在座的很多老师也是对这些百分点做出了很多贡献的。港大、中国科学院、北京大学、中山大学、南京大学,等等,都是发表关于城市研究的中英文论文比较多的机构。

我还对中文文献的一些研究方法和英文文献的研究方法进行了对比,当然,对研究方法进行了非常粗略的分类,简单地分为定量、定性、GIS 技术的综合性分析。

然后是研究尺度。上面我们谈到，地理学不能抛弃对空间和尺度的关注，所以我也从研究尺度进行了分类。在英文文献里，微观研究所占的比例还是很重的；相反，中文更多地是中观的或宏观的尺度。这是对它们的异同进行的总结和简单的分析。首先是研究方法和尺度方面的差异，国际上的研究论文，还是定量和定性并重，近年来非常注重与 GIS 方法的结合，这个和我们所说的 spatial turn 是很有联系的。国际上很注重微观研究；而国内注重大、中尺度的研究，微观研究较弱，主要还是以描述、简单评论为主的研究，如果按照科学化的标准来看，比较缺乏规范化。从研究尺度的差异来看，国际上的研究还是注重微观研究的，这是不是和我们所说的 sponsors，即到底谁在支持我们的研究相关？国内的研究更关注国家、社会的重大需求，我们的 sponsors 可能是政府或者是其他途径，这可能是影响尺度差异的一个原因。

我们对研究视角的差异也进行了分析：到底是向左还是向右？是正面的还是批判性的？由于时间关系我只简单地讲一下。英文文献里有很多对社会不平等、移民、城市管制的研究，而国内缺失的恰恰是这样的研究，比如对移民、不平等、少数民族平等等的研究。他们的共同问题也是比较多的，比如对二、三线城市的关注并不是很多、多数是以案例分析为主、理论探讨并不是很深入。目前一些主要的理论基础也在这里列了出来（modernization、world system/dependency、the developmental state/neoliberalization、market transition/transitional city/ (post)socialist city)，大家可以看一下，并没有真正创立基于本土的理论探讨。接下来谈一谈回国之后的一些感受。我们对西方理论的援引是不是等于抛弃了本土一些学者的观点？是不是否定了他们的贡献？其实不然。怎么去适应中西论文写作的不同要求也是一个挑战。在兼顾国家需求、个人需求、学术价值之间如何去平衡？还有，国内对 SCI、SSCI 论文数量的追求非常狂热，在这样的一种压力之下，我们如何去实现知识的创新？Paper machine 并不等于 knowledge production。当然有一点是毫无疑问的，关于中国的研究应该有理论的创新，并且结合本土的需求。

最后一点思考，如何实现中国学者的全球化和本土化？我认为首先要确认自己的学术身份，首先把自己定位为城市研究学者——先是一个城市研究专家，然后才是中国城市研究专家。如果仅仅把自己定位为关注中国问题的学者，那就仅仅是 area study 的 expert，就不是城市领域学者的身份了。如何立足本土关注？现在国内有很多现实问题可能谈起来不容易，要在中文论文里发表更不容易。但我认为这种批判的精神和左的倾向不应该被抹煞，应该保护、应该鼓励，学术研究需要批判的精神。理论创新不是一件容易的事，可能需要一代人、几代人，甚至更长期的努力。我们所能够做的，应该是从学术的规范化做起，这是一个长期的积累过程。我比较欣赏一位学者甘阳说的：我们要重新阅读西方，真正去理解西方的一些问题，再回到本土，才能重新理解中国。

最后，我提出四个跟城市研究相关的、我自己比较感兴趣的议题，和大家一起商榷。

1. 关注社会公平（social justice）与城市权利（right to the city）等议题——西方学界的反思与中国社会现实的结合 。

2. 城市问题的制度分析（the written and unwritten laws of the society）—— institutional turn。

3. 强化城市研究中历史与文化分析的维度：对中国的理解不能脱离对其文明发展的溯源——comparative urbanism。

4. 城市过程的空间分析（the spatial analysis of urban process）—— spatial turn 与国内“科学主义”的价值取向 。

特邀评议

主持人张平宇：甄峰教授有五分钟的评论时间。

甄峰：我很高兴看到这个论坛和沙龙最早由顾老师在南京大学倡议，到现在已经是第六年了，今天的氛围越来越像沙龙，上午讨论的这些议题也都非常好。

何深静副教授从中西方文献的梳理解读了中国目前——还包括海外学者在国际化层面——在城市研究领域所做的一些工作，看出来还是有一些差异，比如英文刊物主要以定量为主，而中文刊布是定性和定量均匀分布。根据研究中存在的问题进而提出对未来的思考，包括学术身份的认同和未来展望的问题。我主要是研究信息地理的，实际上更适合等一会儿汪明峰教授的报告。

但是刚好假期我也去了一趟非洲，去了一个多月，上次在南京大学，城市地理研究会中也提到了这样一个国际化的问题。什么是国际化？我们可能需要好好地加以思考，一个是引进来，一个是走出去。引进来我们做了很多工作，包括商务印书馆李总那里引进了很多著作，还有高级人才的引进，海归也很多；走出去，出去读博士，进行学术交流和学术考察，也做了很多。我们还有很多东西要做，实际上现在已经有一些中国研究机构在海外举办中国研究的学术会议。

第二，国际化有哪些内容？早上谈了国际化，实际上讲的核心的东西还是西方化，大家都在讨论怎么样对接西方的东西。关于内容的国际化，我觉得还有很多，还有广泛的第三世界国家，我们要走出去到欧洲看，还要到非洲，我们还要去东南亚、印度，等等。中国现在有钱了，中国的企业都在海外投资，现在非洲有几千家中国企业。国家开发银行业跟我联系，因为他们有这方面的需求，我们对非洲区域的研究、对非洲地理的研究、对别的国家地理的研究，以前有优势，但现在已经越来越被弱化、越来越被边缘化。

大家谈的很多还是建立中国的范式，增强中国学者的国际话语权。当然，这些都很重要，但是核心的东西还是两个方面，一个是国际对接，这样一个对话平台的建设；另外还有核心价值观的输出。我们建立了大量孔子学院，但是价值观有没有出去我们不知道。

第三，怎样去国际化的问题。这里面可能需要寻找突破口，人文地理学范畴领域也很宽，刘教授是搞经济地理学的，经济地理学非常适合到非洲去，这里大量的企业都到非洲去了，钱也很多。

刘卫东：我们准备成立一个世界地理研究中心，用大笔的钱来做这个事。

甄峰：我们可以做非洲的城市与区域地块规划，中科院已经做了。我们这次去考察乡村和农业的发展问题，当时刚果的农业部秘书长陪我们去考察，他问我们中国的秘密是什么，他们觉得中国大量资本都进来了，问我们的目的是什么。我们有义务解决这样的问题。国家基金委也有资金支持这样的事，十一月份教育部下发了文件，鼓励高等院校的研究走出去的文件，这对人文地理学者来讲是一个很好的机会。这是我比较粗浅的看法。

自由讨论

主持人张平宇：下面进入十分钟的问题讨论。

柳林：何深静老师SSCI论文的数量在中大都是名列前茅，这对她来说不是问题。人文地理总共三位杰青，今天在座的有两位，我也有压力，希望院里再出“杰青”，我主要是做GIS地理的应用，上次在北京见到宋长青主任时就问，怎么学科之间的“杰青”数量差这么多？我就把我个人对SCI和SSCI文章的认识跟他交流了一下，我看到很多SSCI文章里错别字、语法错误一大堆，在国内的科研环境里，SSCI的文章多、SCI少很正常，我们的母语不是英文，很正常，SCI多靠图表，SSCI多靠文字，得写得漂亮。我不知道我说得对不对。

在理想的状态下，我个人的看法是高质量的文章是需要的，但是过分地追求数量，有点杀鸡取卵的做法。我现在在做院长，也不得不做违心的事情，没有的话就没有资源。

保继刚：兼容并包，兼而有之。国家的需求、个人的喜好、知识的创造，我们希望一个人是全能战士，既能满足国家要求，又能做出知识贡献，还能满足兴趣爱好，但不一定每个人都能一专多能。

在中国当今的情况下，中山大学现任老校长说中山大学要有这样的胸怀，养一批闲人。他指的是文科研究的一批人，学校给一点钱不要让他们出太多的文章。

海归的困惑。海归要在中国本土语境下生存，不单是发表论文，还要生存。我想提醒大家一点，最近中国科学院院士评选，生命科学学部，第一轮把北京大学饶毅干掉了，最后一轮把清华大学的施一公干掉了，并且是得了零票。如果我听到的零票是对的，我想这是中国的倒退，这是中国对海归学者的集体封杀，已经比不上五十年代钱学森他们回国时的那样一批人。所以地理学界不应该出现像生命科学部这样的对海归的集体封杀。如果这样的封杀出现的话，将是一个学科悲哀的到来。

朱竑：教育部最近发了一个文，针对人文社科的文件，文件当中提出以后各相关科研机构在评价论文的时候，不能单纯地以数量为准，应以质量为准。第二个观点，说未来评价你的学术成果时，不以你发表的刊物的级别为主，应该看文章或学术成果的水平。这是一个精神，很难掌握，但说明已经有了一点变化。

第二个消息，我现在在华师，这两年我们大力引进海归，弄了差不多一两百名海归回来，对所有从海外回来的年轻人我有两点感受：第一点，一个海归回来三年内要把自己搞定，因为学校忍耐的时间是两年时间，第一年拿不到基金，第二年拿不到基金，那么学校高层的角度就是放弃。对海归来说怎么样实现本土化是很重要的。

对于目前还是土鳖，准备出去，准备做海归的人，对你们来说，国际化、本土化是要融合的道路。中大的海归已经很多，前任院长和现任院长都已经发表了意见；从华师的角度说，有多少海归我们都热烈欢迎。

刘卫东：我现在非常能理解何深静的心情。我是一个海归，但是我在咸淡水的交界处游了一圈又回来了，回来要面对中国现实的情况，要面临很大的选择，怎么样又能发展学术研究的一方面又能发展到中国的研究团体和社会团体里，要不然会很孤独，只能写几篇文章在那个圈子里大家往往不认可，这是很重要的，是选择的当儿口。

有时候需要十八般武艺都会一点，因为在外面的基本功已经练出来了，无论拿哪个兵器都应该能要一要，这对海归来说是最基本的要求，否则非常难。今天我们讲了半天关于人文地理的科学化，我觉得何深静用的一句话非常正确，不要探讨科学不科学的问题，学术规范性对我们非常重要。不管你做什么学科，一定要学术上规范，就连这一点其实我们都还没做到。大家同意不同意学术规范性非常重要？谢谢。

主持人张平宇：作为主持人我把最后一个问题留给我们欣赏的海归。

单习章：我回来以后很感慨，我来华师已经两年时间了，我听到最多的是怎么样发文章、怎么样赚基金，做三陪都行，但是几乎没有听到有人跟我聊过怎么样做研究。我讲完了，谢谢大家。

主持人张平宇：这是一个大话题。

柳林：中大不是这样的，我给中大学生上的第一节课就是如何做研究。

朱竑：我们还要努力。

4. 破坏性创新抑或维持性创新？
——互联网地理学的兴起与研究进展

汪 明 峰

（华东师范大学中国现代城市研究中心）

主持人张平宇：本节的最后一位是汪明峰，他 1998 年从华东理工大学获得学士学位，2002 年至 2005 年在华东师大硕博连读，汪明峰现在是华东师范大学中国现代城市研究中心的副教授，是很有才华的青年学者，他近些年来在互联网的地理研究方面有了一些成果。

汪明峰：前面听各位老师都在讲“海归”面临的困境，而实际上“土鳖”所承受的压力也同样很大。首先感谢朱竑校长和柴彦威教授给我来这里学习的机会。今天给大家汇报的题目叫“破坏性创新抑或维持性创新？——互联网地理学的兴起与研究进展”，旨在对这一领域做一个简要回顾，并结合本人的研究做些总结，另外也针对本次沙龙这一节的主题提出一些个人的思考。

今天的主题是“传统与创新”，所以我从创新讲起。从学科角度来讲，管理学对于创新问题的研究相对较多。在过去十几年里，管理学领域有一个非常重要的理论与“创新”相关，即“破坏性创新”，这是哈佛商学院教授克莱顿·克里斯坦森最早提出的，他把创新分为“维持性创新”和“破坏性创新”两种类型。其研究表明，在如今飞速变化的商业世界里，通过破坏性创新创建的新业务成功概率，比通过传统的维持性创新要高十倍以上，所以破坏性创新对于现在商业的发展是非常重要的。跟这个概念相关的还有另外一个主题，即所谓“破坏性技术”，管理学对其并没有一个非常明确的界定。很多人认为，互联网技术是一种比较典型的破坏性创新。但实际上在管理学内部也有争论，这种技术能不能算作破坏性创新，也需要分开仔细探讨。比如互联网技术对传统商业的影响，其中它对原先目录零售商来讲是一种维持性的创新，但是对于百货商店来讲则是破坏性的。移动互联网也是这样，其中一部分可能是延续性的，但是有一部分是破坏性的。

无论互联网技术被认定为破坏性创新还是维持性创新，其作为一种人类历史上的重要创新受到了各界的广泛关注，这与互联网技术的快速增长及空间扩散有很大关系。根据国际电信联盟的统计，全球三分之一的人口已经联网，其中 45%的网民年龄在 25 岁以下。目前，中国互联网普及率高于全世界的平均水平，总的网民数量已经达到近5亿人口。在这样的背景下，互联网也势必成为各个学科的研究热点。

从1990年代中期以来，大量以互联网为主题的地理学研究成果纷纷出现，从而催生出一个新的研究领域，瞄准研究信息时代社会经济结构的地理问题。通过国际文献检索发现，近几年相关专著和论文数量都在飞速增长，包括很多国际期刊也出版了一系列专辑跟踪这一领域的进展。就个人的理解而言，这个新的领域所包含的研究范围非常之宽泛。我把它总结为四个方面：一是虚拟空间的地理学研究；二是有关互联网本身的地理学问题；第三是互联网效应的地理学分析；另外，借助互联网技术展开的其他地理学的研究也变得越来越多。

以下特别从本人的专业领域，也就是城市地理学的视角来介绍一下相关的研究进展。目前，国外城市地理学教材上已经出现了专门的章节讨论电子通信技术与城市的关系，而国内最近修订的城市地理学教材中也增加了新的章节，讨论信息技术革命与城市发展问题。本人也于2007年在原先博士论文基础上修改出版了专著《城市网络空间的生产和消费》，系统探讨了互联网技术对中国城市体系的影响效应。我们知道，传统的城市地理学主要包括四个方面的内容，相对应的有关互联网的城市地理学研究也可以这样展开，分别包括：互联网城市的形成与发展；网络空间中的城市体系，可从基础设施网络、互联网产业的分布和消费、网民分布等方面来看中国城市体系的变化；互联网影响下的城市内部空间结构的变化，在这里我们主要考虑经济空间层面，互联网对产业的影响包括两个层面，一个是产生新的产业，另外一个是改造传统的产业；当然，最后还有其他有关的一些研究也可以展开。

接下来简单介绍一下过去几年我们所开展的相关研究。首先是对中国互联网城市形成和发展动力机制的研究。我们特别从演化经济地理学的视角来探究这一变化过程，发现互联网企业在城市集聚的过程中是一个复杂动力机制作用的结果。其次，在城市体系方面，我们研究了基础设施网络，从拓扑结构考察了基于这种新的信息架构之上的中国城市体系。另外，我们也分析了不同的城市节点在互联网骨干网络中的可达性，由此来看城市网络竞争优势的变化。在互联网产业活动方面，我们发现在城市体系里的分布呈现出非常明显的空间集中趋势，同样在消费领域，互联网的用户分布也造成了一种社会空间的分离和破碎化趋势。

第三，在城市或大都市区内部空间的层面，我们首先考察的是新产业的分布状况。这里介绍几个相关的研究成果。一个是上海市互联网内容产业空间分布研究。另一个是最近对上海软件产业空间集聚状况的分析，结果表明软件产业或者信息服务业在集中分布的同时也出现了郊区化的趋势。还有关于上海多媒体产业的布局分析，重点考察了这些企业的区位决策与政府规划之间的关系。

在互联网改造传统产业方面，我们重点着眼于传统商业，特别是零售业。我们研究了国内主要的电子商务企业之一"当当网"的空间组织及其与城市体系之间的关系。通过跨国比较分析，还发现一个城市或一个地区的电子商务发展路径，是长期演化的过程，具有明显的时空依赖性，在其发展过程中既有"遗传"又有"变异"。此外，我们还从购物行为的角度考察了网上购物和传统购物间的关系，通过消费者样本调查来看两者间是怎样的关系。在城市内部，不同区位的消费者网上购物行为也存在差异，我们的调查结果表明市区的消费者比郊区的更倾向于网上购物。

最后介绍的一个研究是探讨网上购物对传统商业中心体系的冲击。以书店为例，考察网上购物方式是否会替代传统的购物行为，结果发现存在部分替代。对于不同规模的传统书店而言，网上购物对中等规模的书店影响比较大。在此基础上，可以做些理论上的推论。我们希望把这样的研究结论扩展到更为一般的规律，比如可以推广到对其他一些零售企业和城市商业中心体系的研究中。这样，研究问题就变成：是不是中等规模的超市或商业中心所受影响比较大？传统的中心体系会不会发生重构甚至瓦解？这些是城市地理学中非常有意义的研究课题。

当然，这样一个新兴的研究领域在近几年也逐渐受到了国内学者的关注，比如柴彦威教授比较早就在指导学生从事这方面的研究。近两年，在国内的一些地理学专业期刊上，这方面的论文发表数量也在逐年增长。这一研究动态其实跟当前中国网上购物市场的发展是有很大关系的。据最新的统计，中国网上购物市场已经具有相当大的规模，在2010年已占到全社会消费零售总额的3.2%，预计2012年这一比重将超过5%。按照这样的趋势，网上购物对传统零售市场的冲击势必日益加大。

很多国外学者在研究电子商务这种新技术对空间的影响问题时，特别强调电子商务作为一种"破坏性技术"所起的作用。事实上，互联网对零售业价值链产生了重构作用，包括"去中介"作用，即绕过原有的商业节点，把消费者与生产者及设计者直接联系在一起；也包括"再中介"作用，即有可能作为全新的中介进入价值链，甚至在某些极端的案例中完全取代其中的节点，成为一种所谓的"信息中介"。对于面临信息超载的消费者来讲，这个作用是非常显著的。

在这种新的发展背景下，我们需要思考，在电子商务领域，人文地理学有哪些研究可以做。现在对这个领域里很多关键性的问题，国内外均存在不少争论。其中有些方面是值得我们进一步探讨的，比如商家的互联网战略，包括对时空的管理，对物流体系及空间的组织问题；再如消费者的购物行为，包括出行距离、目的与方式的变化；以及对商业中心的影响研究，如之前所讲的传统商业中心体系的变化，可以考察其功能、规模、区位的变化过程。新的技术正在型塑新的空间，带来了新的地理研究问题。电子商务研究作为一个新的地理学研究前沿，这种破坏性技术带来的空间效应可能提供了理论创新的机会。

最后，回到本次沙龙这一节的主题"传统与创新"。我认为，有关互联网的地理学研究虽然在人文地理学学科中是一个比较小的领域，但是它的发展正好体现了传统与创新间的关系。如前所述，互联网技术有时作为一种破坏性创新出现，而有时又是一种维持性的创新；电子商务的发展既有"遗传"又有"变异"。展望人文地理学的研究，传统与创新之间应该是一种相互依存、互为前提的关系；因此需要我们继承传统、积极创新，从而推动整个学科的发展。谢谢大家。

特邀评议

主持人张平宇：有请柳院长做一下评论。

柳林：很感谢给我这样的机会，其实我对破坏性创新一点都不了解，但是我对网络分析有一点点认识，我觉得这个讲座很好，做了很多工作，按我的理解，实际上就是互联网对传统城市地理、工业地理一些问题的影响。

汪老师谈到互联网对产业空间布局的影响，对电子商务、对网上购物，以及网上购物对传统零售店销售的影响，等等。您列举了一些国内的例子，实际上在美国也有很多很好的例子，可以看到互联网的作用。大概十年前，我和一个朋友谈到互联网的出现对传统地理模型的影响，很多研究都基于距离衰减或空间相关，互联网的出现是不是使距离的因素不存在了，是不是就不存在了？前一段时间有本很有名的书，讲互联网及其他高技术使人和人交往的距离越来越小。实际上有很多研究表明距离的影响还是存在的，即使是网上购物，你的仓库在什么地方？如果是小买卖就一个仓库，大买卖需要很多仓库，怎么布局？还有一个运输送货的问题，所以距离是存在的。

前两天我听到北大刘宇老师的一个报告，在互联网上找各省间的联系，比如想找北京和海南的关系，就把这两个关键字打下去，看有多少个记录，这个记录就作为两个省间相互关联的指标。如果用这个数据，采用传统的距离衰减模型、重力模型做拟合，发现距离衰减是0.2，明显小于其他零售行业——通常是1左右，家居会大一点，贵的东西会大一点，如果买菜就会很小，所以距离的作用还是存在的。

互联网现在越来越多地用于研究，用于数据的搜集，尤其是有一些数据，平常搜集不到，比如做犯罪研究，做问卷调查不太灵，所以调查出来的结果是错误的，有没有机制从互联网上获取信息？

如果有一个结点被摧毁，那么对整个互联网的影响是多大？这时候传统的网络研究可以起到很好的作用。所以我同意汪老师的看法，这是将来地理学研究的一个主要方向。谢谢大家。

自由讨论

甄峰：我觉得汪明峰教授做得很好，现在汪明峰在电子商务这一块儿走在了国内的最前沿，也做了很多实证研究。这一块儿的数据非常难搜集，我前两天的报告选了一篇微博的文章，也在做尝试性探索，这一块儿领域在人文地理学中是前沿，但是非常小的部分，刘教授也做了不少的研究，希望有更多的老师、更多的同学能关注这个领域，希望以后也能够跟GIS技术合作，我们现在也在和做GIS技术的老师合作。

刘卫东：我从2000年开始进入这个领域，因为有平行的几个其他领域，所以这个领域做得不是很多，要做评价也不是特别容易。但是整体上我有一个感觉，小汪已经做了非常多的工作，那么你做了这么多工作，你的缺陷是什么？你在这个领域摸爬滚打做了很多事情，到底对这个领域的贡献是什么？要朝着这个方向努力，你的建树会更大一些。

在2003年的一次会上我讲到新的现代信息技术是怎么影响地理的，我当时提出一个研究框架的两个方面，其中一个方面是传统地理学研究的空间分布，他刚才讲的全部是空间分布的研究，这是我们地理学传统的研究方法，可以包括地理设施的空间分布。它的最大的影响，对于社会根本性的影响是改变了我们每一个人的生活环境和每一个企业的经营环境，在这个环境之下对企业的空间行为、个人空间行为的影响是什么？是更值得我们关注的事情。

我当时主要研究企业的空间地理、企业的空间组织。时间成本整体上是在信息技术支撑之下，企业空间考虑的最核心的问题。过去我们讲企业都追求最低的生产成本，是指金钱上的成本，实际上非常重要的一个特点是：怎么考虑时间？信息给我们带来的时空转换是非常大的。我想借这个机会也鼓励一下小汪，推动他朝理论贡献上继续努力，做更多空间分布。你个人的贡献已经足够了，但是要摸索怎么对理论有更多的贡献，这样对这个领域的研究会有更大的推动作用。

林初昇:单习章、何深静、汪明峰几位教授的发言给我们提出了感兴趣的问题:一个成熟的学科,在这个学科里做研究的人,对这个学科的前沿处在什么位置、突破口在什么地方,应该很清楚。今天早上谈什么是中国模式、什么是中国的人文地理学,我记得几年前一个美国教授在一个很有意思的场合里,看见国内国外研究中国城市的大家都在,就提了一个很简单的问题:在座各位都是当今中国研究城市的专家,现在能不能告诉我,现在中国城市研究的哪三个命题是最前沿的命题?当时在场的所有专家没有一个吭声的。同样,今天是人文地理学的沙龙,在座都是人文地理前沿的专家,大家能不能在五分钟内提出两个或三个人文地理学研究的最前沿的东西?

国外的经济地理界,不久前一大帮人都在争论一些问题,而且都是牛津、剑桥、斯坦福的,这个问题今天早上保继刚教授、朱竑校长、柳林教授也提到,我觉得有两点我们应该做:第一,我们要扶植一个学科变得成熟,需要大家互相支持。如果大家找到一个共同感兴趣的前沿,就要一起去支持,集中一大批当今最前沿的地理学家,大家都扶持这个东西,这是我们可以做的。

第二,根据汪明峰老师谈的,如果大家觉得是比较前沿的东西,就需要去扶持,就像一个小孩需要我们去扶持。当然,有些小孩是有前途的,慢慢会发展,即使最后不行了,就像朱校长说的我们的容忍度就是两年,但至少要在两年内大家去扶持一下。我谈这么一个希望:大家能够互相支持,不要互相踩,互相踩大家都会死,学科就没有希望了。

5. 总结评述

柴彦威

（北京大学城市与环境学院）

主持人张平宇：下面进入这一节的总评论阶段，总评论人是北大的柴彦威教授。

柴彦威：也不是总评论，这一节整体上讨论还是比较充分的，大家有很多关键词，就不特别展开说了，但这一节有一个关键词可以概括：沙龙新人。从沙龙第一届开始，我们每次都会选择一些青年学者，特别是做一些新的研究做得还不错、已经冒出了一点苗头和反响的年轻人，让他们有这样一个发表、交流、展示的机会。实际上也是为沙龙培养接班人，更重要的是为中国人文地理学界培养接班人。

今天听了四位的演讲之后，我感觉没有参加过沙龙的人，让他们上来讲可能不是很成功，以后要想在沙龙上发言，一定至少参加过一次沙龙，知道沙龙是什么样的，应该讲什么内容，不然有些发表就会是失败的。当然，我们容许失败，因为我们是培养新人，培养人才不是那么着急的，我们沙龙有这么一个环境，不断选拔新人出来，现在学术界有一些看法，像我们这个年龄段的应该已经退出了，早就应该让位了。卫东老师也用结构主义解读了今天的会场，我们在一起交流应该有一个认识：人文地理学家要催生、要拔苗助长是比较困难的。今天讲了一系列人文地理学的属性和特点，是横跨自然科学、社会科学的交叉学科。不管用什么方法，要对人文地理现象进行多角度解读，要对不同层面知识进行创造性应用。

对人类本身空间现象的更深入的解释和应用，我觉得经验的积累不到一定程度，很难说是成熟的人文地理学家。我不是特别同意有些观点，写论文很快，SSCI和SCI写了十几篇、二十几篇就是一个特别著名的教授和人文地理学家了。人文地理学家需要不断磨炼、成长和成熟，人文地理沙龙在推荐新人、培养接班人方面应该有一定的作用，每届都推选一些新人出来。我们要反映人文地理学研究的一些新的方向，尽量考虑从主题上怎么样选拔新人出来，我想这也是一个案例，有很多机会可以选拔。

今天四位中的三位是洋博士，一位是土博士。汪明峰读了大量的英文文献，特别是跨学科的文献，我稍微了解一些汪老师做的信息地理和网络地理，非常艰难，因为要跨学科、要花大量的精力，也看出来洋博士和土博士没有太大的差异。在这个过程中能够把主题展现给大家，学术新人和新的主题，大家可以一起来讨论、推动，把你的东西展示出来，影响到同行，也吸收同行对你的一些建议。今天从这个角度讲，我想给他们打分，他们的发表顺序是一、二、三、四，得分的顺序是倒过来的，我觉得汪明峰今天展示得最好，达到了推出新人的很好的效果。当然，另外三位也是不错的。

一个关键词：学术新人。沙龙是学术品牌，以后还会继续搞下去，学术新人会不断涌现。我们是一个学术共同体，怎么样不断地把新人引入沙龙，培养成为中国地理学的接班人，应该是大家共同的责任。

刘卫东：讲得有点过了，给打分就不对了。

主持人张平宇：这一节到此结束，感谢各位发言人及五位老师的精彩点评。柴教授的打分应该是九十分起评吧。有交流就有收获，大家要互相交流，互相提高。这一节就到这里。

（茶歇）

第三部分

人文地理学的未来与学者的责任

主 持 人:朱　竑　华南师范大学地理科学学院
主题发言:刘卫东　中国科学院地理科学与资源研究所
　　　　　陈　雯　中国科学院南京地理与湖泊研究所
　　　　　贺灿飞　北京大学城市与环境学院
评 议 人:顾朝林　清华大学建筑学院
　　　　　保继刚　中山大学旅游学院
　　　　　方创琳　中国科学院地理科学与资源研究所
　　　　　张国友　中国地理学会
　　　　　林初昇　香港大学社会科学学院
　　　　　Lily Kong　新加坡国立大学

1. 区域发展研究方向探讨

刘卫东

（中国科学院地理科学与资源研究所）

主持人朱竑：最后一节的主题是“人文地理学的未来与学者的责任”。筹办这次沙龙的时候一直很困惑，要选择什么样的切入点作为今年的主题？结合今年人文地理发生的重大事件，其中很让我们欣喜的是，十年后我们人文地理界的刘卫东再获“杰青”，这是非常令人鼓舞的；同时，今年三位教授获得国家重点课题的支持，刘卫东获得了第二重点课题，陈雯教授获得国家重点基金，这对我们人文地理界来说确实是比较鼓舞人心的事。今年五月份在南京大学举办了重新构建中国人文地理专家委员会首次年会，当时在财力强大的南京师大的支持下，也获得了空前的成功。南京师范大学的老师说我们就是有钱，希望大家多多到这里来开会。

所以今年我们以“机遇与挑战”为主题，希望结合各位专家的研究作为主题，再适当进行一些嫁接，但最后因为各种原因，薛德升要到瑞士讲学，刘彦随也要到陕西签重大的合同来不了。今天我们要请刘卫东研究员、陈雯研究员做两个主题发言，再请贺灿飞教授做主题发言，最后进行主题讨论，希望人文地理也不断创立新的范式。下面有请刘卫东研究员做主题发言，他的题目是“区域发展研究方向探讨”，大家掌声有请。

刘卫东：尊敬的各位同事、各位同学，非常荣幸朱校长能够邀请我发言，因为在这个沙龙上有一个话语权是不容易的。很荣幸我有这么一个机会。我要谈的是对区域发展研究方向的探讨，与人文地理沙龙的主题稍微有些驴唇不对马嘴。这是“命题作文”，朱校长在一开始联系时就说，你获得了“杰青”，讲讲对未来研究方向的思考。于是我就选择了这么一个题目。

区域发展研究是经济地理学的重要研究内容。今天讲讲我个人对这个研究领域的一些看法。我尽量讲得简单、直白，不会是形而上的东西，大家也比较容易理解。

关于区域研究的重要性我不需要过多地讲。区域发展研究不是地理学的专利，是很多学科的重要研究领域。但是对人文—经济地理学而言，区域发展的确是我们最重要的研究领域之一。首先对于中国而言，为什么过去那么多年区域发展研究非常重要？因为在我们国家经济快速增长的过程中，区域发展差异非常大，已经成为各级政府决策和公众关注的重大问题。这些年国家也做了很多重大的区域发展规划，这也需要区域发展研究来支撑。其次，西方地理学界在二十世纪八十年代出现了新区域主义，区域问题也是很多西方学者的研究对象。整体上，我认为对于中国人文—经济地理学而言，区域发展研究是具有长期性的重要研究任务。我们国家在很长时期内都会存在区域差异问题，因而区域研究将一直是一个主题。这个重要性不必我更多地讲。

我要讲的是什么问题呢？过去我们一方面低头干项目，埋头苦干；另一方面跟着西方学者在做学术性的研究。而西方人文—经济地理研究又是令人眼花缭乱的，看看过去三十年里有多少个“转向”吧！眼花缭乱之后我们应该停下来想一想还有什么其他更值得做的事情，这一点对国际经济地理学界也是需要重新思考的问题。我们还有什么其他值得研究的？我主要思考这样的问题。

先简单谈一下过去三十年区域研究的特点。我们知道，从二十世纪三十年代开始，地理学已经把区域作为主要研究对象。当时主要的研究是以描述区域特性为主，学者们认为每一个区域都是不一样的。在上世纪五六十年代，在空间转向或者说空间传统、计量传统的打压下，区域发展研究被打入冷宫。如果大家读过一些回顾的文章就知道，当年搞区域研究的人日子很难过，抬不起头来，文章也没地方给你发。到了八十年代，区域发展研究得到了新生。这一轮新的区域主义研究转向注重地方发展的影响因素和动力机制，也注重全球化发展对地方的作用。过去三十年眼花缭乱的区域发展研究的一个突出的特点，就是我们一直在关注区域发展的内生性的因素。为什么会是这样？这与大背景是相关的。

七十年代初以石油危机为标志，西方战后的繁荣期结束了，实体经济逐渐转移到发展中国家。这带来了结构性变化的问题。为什么上午讲到的计量革命在六十年代后期开始衰落？有很多原因。其中一个原因是，出现了结构性的问题，单靠研究个体的计量方法是解决不了的。所以，才出现了政治经济学派，关注贫困问题、区域衰退、劳动地域分工、不平衡发展、资本主义积累方式，等等。这都是马克思主义政治经济学派的，同时我们也看到新区域主义的出现。

新区域主义关注什么？当时地方发达国家很多地方都进入衰退期，经济萧条。但在普遍衰退和萧条之中，仍然有一些地方是非常具有活力的，比如硅谷，比如当时的意大利、日本，等等。学者在关注这些区域的时候，研究的是什么呢？研究探讨的是地方发展的动力机制。这里面再次提出了区域的独特性和差异性的问题。Doreen Massey 这位英国著名的女性经济地理学者提出，任何因素对地方发展所起的作用都与该地方的地理和历史环境有关。这一点又把我们拉回到了认为区域是有独特性、差异性这样的问题上来。

那我们可以看到后来关于产业区、产业空间的研究，以及后来过渡到产业集群的研究，关注的主要都是地方内生性的因素，或者地方性的问题。比如加利福尼亚学派的 Allen Scott 和 Michael Storper 提到的垂直非一体化、不可交易性相互依赖、地方劳动力市场等；意大利学派讲的产业氛围、制度厚度等，欧洲创新环境学派的区域创新系统，演化经济地理学派的路径依赖、锁定等，我们看都是在讲区域的内生性增长因素，这一点我想大家会是同意的。

另外一个视角就是大家越来越重视经济全球化与地方经济发展的关系。从八十年代后期开始，地理学或者人文地理学者的研究视角突然从国家或区域的视角，上升到全球尺度。这一点是非常快的。很多人都开始研究全球化之下的区域发展或城市发展等。其实这个传统可以追溯到二战之后对跨国公司和对外直接投资的研究。当年的跨国公司和外资研究，不光是地理学者在做，很多其他学者也都在研究。最近二十年，这个领域研究的突出贡献可以用价值链和全球生产网络(GPN)来代表。这个研究的脉络里，主要关注的是全球尺度的空间组织，以及全球化力量对地方发展的影响。我想大家也会同意这样一个看法的。

那么过去三十年主流地理学研究少了什么东西呢？我们可以看到，对于地方因素或内生性因素的研究，实际上反映的是地理学传统研究视角里地方综合性的视角。对于全球化的研究以及对于全球化对地方发展影响的研究，实际上体现的是我们对于尺度上相互依赖性的研究。那么中间我们少了什么呢？我们少了地方间的相互依赖性的研究。这张图是我在讲课中经常给学生灌输的研究视角，这是美国科学院编写的《重新发现地理学》一书里梳理出的地理学研究视角。这个图非常好地把地理学的经典研究视角概括了。但是很多时候我们在做具体研究的时候又把经典视角抛在脑后了。我不断强化自己以及我的学生对这个视角的认识。

我的初步感觉是，过去三十年主流地理学，包括国际上的主流地理学以及我们自己，忽视了地区间相互依赖性的研究视角。我们把这件事基本上忘掉了。地区间的相互依赖性可以用什么代表或者通过什么东西来观察呢？我觉得可以从人口、资本、产品、信息、贸易这些东西来观察，当然，也可以体现为一种上下游的关系。我不是说这些东西没有人研究，但是在主流地理学研究里这些东西见不到太多的身影。随着经济全球化的出现，我们的生产活动的专业化分工越来越加深，产业的片断化非常明显，同时分散到全球各地的生产片断被整合为各种尺度的生产网络。这一点是全球生产网络理论最强调的一点。在这种情况下，全球各地区间相互依赖和相互作用已经成为区域发展的重要影响因素。比如，加拿大运输部门要大罢工，可能美国的整个汽车工业就会受影响。这个相互作用很重要。很多重大科学研究也不能回避这些问题。

但是相对需求而言，地理学家对于地区间相互作用的研究基础是相当之薄弱的。区域间相互依赖性对于理解当今的格局也有很重要的意义。比如，沿海地区的经济增长对中西部产生什么样的影响？还有节能减排指标的分配，基本上是“一刀切”的，“十二五”期间有所调整，但是没有特别好的依据。靠什么解决这个问题？关键是地理学家对于区域间相互依赖性的研究没有做好工作。贸易的变化怎么影响不同区域的增长？这也没有得到很好的认识。不同国家区域间的增长是什么关系？我只举了几个例子，其实还可以举出更多的例子。由于我们对地区相互作用的研究不够，我们对于很多重大问题的研究缺少基础性支撑。

地理学对地区间相互作用的研究由来已久。比如，十九世纪末和二十世纪初期贸易地理的研究在某种程度上可以看作是一种相互作用的研究。不同地方生产不同的东西然后进行贸易。后来“交通流”的分析也是很重要的方面，再后来用数学模型估算，比如重力模型。我们看到两个区域间相互作用最多的模型就是重力模型。还有后来的一些理论性的研究，比如说新国际劳动力分布理论讲的“核心—边缘”结构，保罗·克鲁格曼讲的“核心—边缘”模型。还有很多人研究的“溢出”，作为一个地方对其他地方影响的总体估计。此外还有一个非常重要的工作，但是地理学家很少参与，这就是地区间“投入—产出”分析。我们知道，地区间“投入—产出”表现在被其他许多学科应用。这里面关于竞争型“投入—产出”表与非竞争进口型“投入—产出”表的区分就不详细讲了。着重想讲的是艾萨德所开创的区域间“投入—产出”模型。

区域间“投入—产出”表是一个分区域分部门的、区域间产品流量的矩阵。这么有用的东西，这么地理命题的东西，我们地理学者其实过去这些年参与的工作却非常之少。在我们国家，中科院系统所的陈锡康先生、国务院发展研究中心的李善同先生，以及国家信息中心的张亚雄在这方面做的工作较多。中科院的石敏俊和王铮最近也做了一些工作，他们有些地理背景。

关于地区间“投入—产出”表，之所以地理学家能在其中发生作用，就是因为它是一个地地道道的地理问题。我们通常估算贸易流量的模型是重力模型，而重力模型是一个物理模型，讲的是两个地区越近，交流量越大；两个地区的总量越大，交流量越大。到现在为止所有对于地区贸易流量的估算基本都是由重力模型估算的。这里有一个大的问题没有考虑到，这就是当我们做地区间投入—产出表的时候做的是部门层次的，是不同部门的交流量。能不能用这样一个重力模型来直接计算部门层次的贸易量？大家有没有想过部门内的贸易有什么特点？当然，有很多学者已经研究过了部门内的贸易特点。例如，保罗·克鲁格曼就研究过部门内贸易。但是部门内贸易又有不同的特点，比如有的产业链很长，如信息产品生产，或汽车产品生产，产业片段化明显，部门内的贸易非常发达。如果是一个生产原材料的部门，如煤炭部门，又会怎样呢？我举个最简单的例子。如果两个省都有很大的煤炭部门，而且两个省离得很近，你们说它们之间会有很大的煤炭贸易量吗？肯定不会。

这说明了一个道理，不同产业的贸易特性展现出从相互补充到相互竞争的渐变特征。

我们必须将产业的贸易特征纳入贸易量估算中。所以,我们开发了产业空间模型。我们用两个指标反映产业贸易特性。一个是专业化指标,两个地方某个部门的专业化程度越高,它们之间的相互作用程度就越强。另一个是产业内贸易程度指标。我们使用了“投入—产出”表里产业内部的消耗系数,来判断这个产业到底是产业内部贸易量大的部门还是贸易量小的部门。这样解决的最大的问题是,不同的产业由于产业特性本身造成的贸易量实际上是不太一样的。有的部门可能交流量比较大,有的部门虽然离得很近但是交流量比较小。这样的工作使我们编制的地区间“投入—产出”表的精确度得到了很大提高。当然,我们也考虑到空间自相关性问题,引入了空间滞后因子。

我之所以讲这样的例子,是想说明,在地区间相互作用的研究领域,地理学家有非常多可以发挥作用的地方。也希望在座所有感兴趣的学生或同事们,今后重视地区间相互作用研究。特别是应重新考虑贸易和地理之间的关系。过去这些年贸易对全球产生了重大影响,地理学家没有关注,没有关注贸易对地方增长的影响。这么大的变化地理学家却站在一边看。我个人认为,无论从全球学术界还是国内学术界来讲,可能未来一个时期,地区间的相互作用是非常重要的研究方向。

过去我们都开玩笑地讲西方很多经济地理学者是一个牧羊人,从来不会在一个地方待太久,就又转向另一个地方。这样我们往往会迷失方向,不知道最重要、最该做的是什么,真正面临的需求是什么,应该做哪些研究。过去三十年,这些牧羊人从一个地方游到另外一个地方,基本上都在关注内生性的东西。我们现在到了关注外生性的时候了,特别是区域间相互作用。因为在全球化时代,几乎所有的地区都被绑在一起了,每一个地区的决策都会影响另外一个地区的发展。我就简单讲这么多。谢谢大家。

主持人朱竑:刚才大家已经看到了学术的高度,大家想成为“杰青”的话以后可以紧密地向他学习。等一下由顾老师进行点评。

2. 长江三角洲区域一体化空间组织：研究问题、基础、展望

陈 雯

（中国科学院南京地理与湖泊研究所）

主持人朱竑：下面有请陈雯研究员，她的题目是"长江三角洲区域一体化空间组织：研究问题、基础、展望"，很多长期关注城市地理、城市区域发展这一块的同行应该都很了解陈雯，在中国地理界成功的女性比较少，一旦出来了都很厉害，我觉得陈雯老师就是这样的一个人。我们大学里做老师的都知道，现在研究生90%都是女孩子，很多人很苦恼，出差没办法带，干活不行，其实女研究生一样可以做很漂亮的工作，在地理学这个领域女士一样可以做得很好，因为成功的案例很多。

陈雯：非常感谢朱校长的邀请，让我有这样的机会和大家进行学术交流。我的重点基金获得批准，要感谢人文地理学各位同仁的支持，是你们的知识溢出让我受益匪浅，同时也非常感谢国家自然科学基金对人文地理学的大力支持。

"长江三角洲区域一体化空间组织：研究问题、基础、展望"，这个研究刚刚开始。如果人文地理学要研究什么，那么空间组织是不是我们可以做的命题？包括过程、格局和机理，以及对各种要素的研究。关于这个研究我自己就是在一体化格局下做的工作。

我想谈三方面：首先是研究的意义和科学问题。

全球化、区域一体化是世界大的发展趋势，这样一个趋势也亟待人文和自然交叉做研究，我们说区域一体化，并不是像社会上所理解的趋同，你做什么我做什么，你的工资涨了我们也要涨。区域一体化是通过区域功能的分工和互补达到效益最大化的结果。关于一体化研究看起来比较多，但是在其人文自然基础和过程机理上都不太够，需要进一步研究。

长三角地区是得天独厚的一体化研究基地，它的一体化程度在全国都是比较高的，有很多值得研究的地方，一体化过程中同样有很多问题，分工的无序、增长的不合理、环境的问题，等等，可能都是伴随着这些所带来的，这次我在基金里提出的科学问题是三个方面：一是区域一体化的自然及经济地理基础与形成演化的机制是什么。二是不同的一体化状态会产生什么样的影响。在研究厦漳泉同城化的时候，泉州方面说，我们为什么要和厦门一体化？

到底有什么好处？我们可以和他讲理由，但是我们没有一个很过硬的数据说明确实是有好处的。三是如何调控区域一体化的空间组织过程。需要消除一体化过程中的一些因政府调控不当或市场过度造成的负面影响，可为一些公共政策的研究做向导。

第二方面，总体研究方案包括四个方面的内容。

首先，怎么测度一体化，尤其是如何从空间格局角度，来说明一体化的程度。其次是驱动和作用的机理是什么，关键是怎么对贡献做甄别。第三是区域一体化的效应如何评估。第四是评估以后怎么样做空间组织的优选和调控。从目前的情况来说，这方面的研究确实非常多。首先是一体化格局，大部分人认为是不是结构相似了、联系密切了就是一体化？很多人都知道，世界银行 2009 年的报告提出用密度距离分割产生一体化，如果把趋同作为一体化，我们认为并不完全符合区域的分工和非均衡的内涵，一体化区域也是不均衡发展的区域。从驱动力角度说，很多研究是通过贸易的理论基础开始的。我刚刚列出了现有的很多地理学家和经济学家在做的这一方面的工作，但是总体来说没有考虑到长三角的特殊性，也没有考虑到资源环境的作用。从效应角度，也开始做一体化的集聚和专业化分工效应，但是生态效应到底怎么样？整体上怎么评估？其实还没有很多的文献。空间优化有很多可以借鉴，但是还没有完全针对一体化的议题。我们觉得可以进一步改进的方向：一个是动态阶段的演变分析要增强；第二个是发挥科学院的优势，用人文经济的要素和自然生态要素解释互配过程和效应；最后，我们也尝试采用一些演绎、假说、模型模拟思路做这样的研究。

第三方面，我想谈谈主要方法和研究基础。

首先是关于空间格局的测度问题，有几个问题需要去解释。整个空间在一体化的格局下，它的内涵外延到底是什么？按照世行的研究来说，经济是集中的，但是生活福利是均衡的。通过一体化，经济可能越来越集中，出现马太效应。但是通过政策的导向，通过公共服务的均衡化，生活差距是在缩小的。并不是像很多人认为的一体化之后到处都发展。如果使用世行的概念“密度”、“距离”、“分割”这样三个尺度，怎么测度一体化？初步假设一体化的内涵是分工更为密切、经济更为集中、生活水平从分异到收敛的过程。所以除了从密度、距离，我们还增加了功能、分工、联系和分割四个方面，目前主要想用人口、产业、土地利用等要素做测定。

我们初步做了一些积累的工作，比如开发密度。从建设用地拓展的分析来看，虽然一方面整体上开发密度在增强，整体上来说主轴在集聚，但同样地，次中心增长得更快，二级城市比主要城市增长更快，这与世行提出的“经济更为集中”的态势不太一样。我们实际上各个城市都在发展，都跑得很快，由此导致蔓延的态势。

人口也是先趋于集中，后来又开始分散了。最早在进行主体功能区规划研究的时候，我们希望越来越多的人集中在适合居住的地方，其他生态地区可以保护起来。但实际上它的结果还是“集中后又趋于分散”这样的格局。

对距离进行交通可达性的分析。交通可达性均值在逐渐缩短，越来越快，这为一体化创造了非常好的基础。但是这方面我们还有很多值得研究的问题。我们做的是实际的可达距离，在设计的时候希望能够把各位学者研究的东西结合起来，比如互联网做了以后对距离会有什么影响？还有移民的心理距离，在这个地区我是不是被认可了？另外还有一个很重要的问题，就是文化认同程度是怎样的。关于厦漳泉同城化的研究，泉州和厦门存在一定的竞争和矛盾，泉州有一首歌叫“爱拼才会赢”，能不能将爱拼敢赢的精神改成“共拼共赢”？在心理上拉近认同，大家一起去做，去引导你去合作。

在功能分工方面，我们也做了一些制造业的大的分工格局。刚才卫东谈到可以使用“投入一 产出”方法，但是工作量非常大，而且目前也只停留在省级层面，我们可能一时没有这个基础去做。我们想用上市公司的投资数据做整个的制造业的资本和技术流动，这方面已有了一些基础。服务业的空间分工也做了一些研究。联系的平台也做了整合。如何通过定量化进行格局和过程的表征？我想后面还要继续努力。

第二个方面的内容是演化动力机制。我们想解决的问题是，在经济全球化、市场化、信息化的外部环境之下，对利益相关者有什么影响和触动。现在讲的是全球化以后必须联合，单个城市是没有办法的，那么一体化的影响如何用定量化来表征？这样的影响其作用机制是怎样的？包括自身的经济条件变化和对它的一体化有什么影响？这一块儿我还没有完全开始做。我们认为可以借助经济学的博弈理论来做，合作的区域一体化的过程实际上是一个不断重复博弈的过程，这里面有合作的收益和成本。全球化到底是增加成本还是收益？缩减交通距离的手段肯定是减少它的成本，各个要素对合作博弈的成本收益有什么影响，从而影响到利益相关者的决策，这也是需要深化研究的。

第三个方面的内容是整个经济、社会和生态环境效应是怎样的。区域一体化在推动着经济发展和社会进步。是不是说所有的区域都适合做？对生态环境的影响如何？特别是密度增强后，目前的一体化模式是否有调整的地方？一体化带来的效益，包括经济、社会、生态效益，怎么样做定量化的表征？这些都是我们想做的。不同的一体化大家都在做，但是不同的空间分布和组织，集中和分散的空间组织带来的效果可能是完全不一样的。我们也尝试做了一些，比如专业化的分工指数。目前来说，将整个长三角生态赤字的一种变化情况，作为我们进一步研究的基础。

最后一块就是长三角的空间组织模式是怎样的，这样的空间组织模式是怎样的。我们如何把空间组织说得更容易理解。比如经济学是一个生活的科学，它所需要理解的东西，所有的要素都非常简单：价格、稀缺性、商品数量，等等，都是我们可以看得到的东西。但是我们的空间组织能不能用看得见的东西去表述？这个模式到底是怎样的？在这个过程中我们怎么调控？

我当时在设计的时候就想从驱动力出发，在对一些规则做了一些调整后，模拟不同空间格局的情景。不同的情景会有不同的效应，对负效应要调整它的规则，对正效应要强化规则，最后看能不能模拟出一个。这是我的很理想的做法，我希望能做出这样的东西来，我们确实还在努力中，希望做出来一个我能够模拟的空间格局。

这是我们原来用分区做出来的一个理想的功能分区格局。我们也考虑了用哪些要素，比如土地指标、生态保护指标、环境指标、产业指标，等等。未来可以在功能分区的基础上，可以进行政策导向上区域的分类考核。目前，江苏提出来基本现代化指标体系，其中的服务业指标（并不是所有地方都要达到这个标准），实际上可以通过功能分区和一体化的管理，在总体上达到这样的指标。

在研究方法上，首先要有数据的获取，包括各种类型的数据的获取。其次是希望通过模型系统和建构的方式，把一些零碎、简单的模型整合在一起；这样的模型不一定是数字的模型，也有概念的模型，能够整合一体化空间组织的测度模拟和优化的调控模型模拟的模型结构，通过我们的努力能有一个初步的成果出来。

最后做一个小结。我们认为区域一体化作为重组经济地理格局的重大趋势，这个研究不仅有国际前沿性，也具有国家的重大需求。所以我们这个项目研究长三角一体化不同阶段的过程、驱动和效应，然后提出优化调控路径及一体化的空间组织方案；在方法上，我们也运用演绎、假说、数据、模拟的模式求证思路，希望有助于提高科学的解释和问题解决的针对性。谢谢。

主持人朱竑：谢谢我们的陈雯教授，尽管我们的沙龙还没有产生行动计划，但是陈雯教授已经有了行动计划。大家知道，今年重点基金支持是三百万，很诱人，但是我看了她的私房菜，感觉难度很大，一般人还是要量体裁衣。这个事情整个工作量非常恢弘，等一下也会请我们的嘉宾给予点评，曾经承担过国家重点基金的方创琳研究员和张平宇研究员将给予点评。

3. 中国转型经济地理研究

贺 灿 飞

（北京大学城市与环境学院）

主持人朱竑：下面邀请贺灿飞教授，他演讲的题目是“中国转型经济地理研究”。他长期研究经济地理，我很少看，因为看不懂，很多数学公式。但是我了解到他是北大人文地理学专业里从副教授混成正教授最快的，一般不是九年就是十年，还有十一年的，他用六年就搞定了，有非同一般的才能。大家可以去看他的简历，尽管柴彦威教授说SSCI很多也不见得说明什么，但是他的SSCI的量真是太多了，我想可以说明一点问题。

贺灿飞：感谢朱校长，感谢华南师范大学的邀请。刚才朱校长讲完这次沙龙最后一节安排的背景后，我发现我真不应该在这个小节里发言，因为我既不是国家自然科学基金的“杰青”获得者，也不是重点基金的获得者。

主持人朱竑：你马上就会是了。

贺灿飞：既然来了，就简单做一点思考，通过我自己的研究来展示一下转型期的中国经济地理研究。其实我要讲的跟今天上午的讨论是有关系的。做中国经济地理研究，我们确实不能满足于检验或验证西方理论，英文杂志的审稿人也不答应。上午保老师提到修正主义路线，我发现我确实是在走这个路线，而且要跟国际学术界同行打交道，修正主义路线是目前切合实际的路线。

刚才何深静老师说了，要做出大的宏观理论创新是很难的，可能需要几代人的积累。这一段时间我也在思考，我过去十年到底做了些什么？作为一个中国的经济地理学者，游走在国际和国内学术界之间到底能做什么东西？在理论上和实证上能有什么贡献？我一直在研究转型经济，在转型经济环境下做我的经济研究工作，我在这里将我的研究概括为“转型经济地理研究”。

我主要通过几个案例研究来介绍一下，我是怎么把中国的特殊性或把中国元素放到经济地理研究中，也让英文杂志审稿人觉得我的工作是有点学术贡献的。2001年以来，我的研究基本包括两大块儿内容：一是中国产业地理集聚研究；二是外商直接投资和跨国公司地理研究。

我记得去年国家自然科学基金委地学部宋长青副主任和冷疏影处长到北京大学调研座谈时，我们问道：中国人文地理学的现状如何评价？宋主任觉得中国的人文地理应该大有可为，因为我们有特殊的文化，有最大的经济转型制度，这个制度在不断地调整，中国的人文地理就应该有独特的学术贡献，我个人觉得他点得很到位。在这个转型经济背景下，经济制度快速重建和演变，我们都能感受到，尤其是在中国，在一些转型经济国家，如俄罗斯和中东欧国家等，这种变化非常快，而且很快地作用于经济地理空间。

另外一个就是社会科学对于制度的关注。政治学、经济学等社会科学学科都在关注制度。经济地理也有很多转向，从新区域主义到文化转向、制度转向、关系转向，现在有演化转向，还有空间转向，一直在演变。经济学家对地理学家有一个很深刻的比喻，把地理学家比作蝴蝶。在学术会场上，正常情况下地理学家串场很厉害，经济学家是很小一个小组，很认真地讨论、很认真地听。经济地理学者也会经常改变研究领域和方向，到处蜻蜓点水。

中国的经济转型是范式的变化，首先是决策主体的变化。在计划经济时代，决策主体从中央政府到地方政府，可能主要是中央政府的决策。现在决策权很大程度上返回给了个体，包括企业、家庭，当然还有地方政府。第二个是决策目标的变化，在计划经济时代，决策者更多考虑的是国家安全、区域公平等目标，现在中央政府虽然有这种目标，但是地方政府、企业、家庭更多的是追求利益最大化。还有，更重要的是决策环境和决策机制的变化。环境的变化就是制度的变化。

范式的变化对于经济地理研究意味着什么？一是范式的改变在时间上是渐进式的，对于企业，尤其对于跨国公司，有一个学习效应，同时也有风险递减的效果。二是政策和制度的多变性，它在不断调整、不断变化，这样不同的决策主体很显然在不同的时间段就会有不同的应对政策。三是在空间上，经济转型存在着显然的空间差异性。渐进性的开放，决策环境的差异性、地方政府职能和目标的差异性、中央和地方关系的差异性（包括财政关系的差异性）等等，这样的差异性会显著改变不同区域经济活动的布局，对经济格局的形成有很多重要的影响。

经济地理研究首先要研究生产要素的空间格局。中国的改革开放是一个很有意思的过程。我们首先把资本搞活，吸引外商直接投资，资本的空间过程可以用市场经济理论和规律来解释，因为资本基本上是逐利的；然后我们放开劳动力，允许劳动力流动，可是劳动力有户口限制或其他方式的管制，虽然劳动力可以流动，但不是那么容易。最后我们建立土地市场，土地基本上不能动了，政府部门可以借此干预地方经济。随着中国经济改革的深化，制度环境越来越有中国特色了，这也使得我们开始思考中国经济地理研究要不要有独特的理论框架。在改革开放早期,我们直接借用西方的理论来阐述经济地理现象,资本区位行为用西方的区位理论是可以解释的。劳动力是有管制、有约束的迁移,需要加入中国元素来理解劳动力迁移行为。最后,土地作为一种生产要素,完全不能动,在特殊的土地制度下,完全变成中国特色的东西了。随着渐进式的经济转型,我也感觉到现在越来越需要提出新的理论来理解中国的经济地理格局,不能简单地用西方的理论。不同类型的所有制的空间格局是不一样的,行为是不一样的,目标也不一样,行业也是渐进式开放。尤其是我们的服务业、银行业,隔几年挑几个城市开放,这样一种渐进式的、管理式的改革开放过程,实际上对我们国家经济地理格局的形成有很多深远的影响。

以上简单地介绍了一下在经济转型背景下,我们到底可以从哪些角度寻找理论突破。经济地理研究的一个很重要的任务是解释经济地理格局的形成与变化,以及反过来,这种格局形成以后怎么改变空间。

在经济地理研究里,怎么样考虑经济转型?这里概括几个方面。

首先可以直接将经济转型当成一个对象,去研究经济转型本身,及经济转型带来的新现象和过程。如果从理论上寻找突破的话,可能要将经济转型当成一个视角,或者当成一种制度环境去理解,也可以当成一个过程,也可以当作一个阶段性的结果,或当成一个变量。在我的不同研究里,我采取了不同的策略,在有些研究中我直接把经济转型当成一种制度环境,在这个制度环境下演绎我的研究假设;在另外一些研究中,我将经济转型当成一个结果,有时候将之当成一个变量,用这些变量去解释中国的经济地理形成的过程。

这个表展示了我的总体研究思路,我定位在研究"转型经济的地理"。计划经济形成了一种历史格局,这个历史格局存在路径依赖性,将作用于目前的中国经济地理格局,但是经济转型产生了新的经济现象,导致了制度环境的变化。我在这个经济转型背景下研究一些新的经济现象,比如外资、跨国公司、劳动力迁移等,在这个基础上研究产业的总体空间格局,产业空间集聚及其空间影响。但这里面要加上地理尺度,我们发现在不同的地理尺度上这样的关系是存在显著差异的;最后,研究地理格局形成后的影响,包括对能源环境、经济结构的影响。总之,最终目的是要解释中国转型时期地理格局的形成机制及其影响。

2005 年我开始了一个产业地理集中的国家自然科学基金青年项目。我国的产业地理空间在过去三十年发生了显著的变化,但是当时的研究还很少。西方有大量的研究,一方面可以借用西方的经济学理论来解释中国产业地理格局,但是学术贡献肯定不够,需要融入一些中国元素的思考在里面。关于中国产业地理集中和集聚的研究,我首先研究了产业地理集聚或分散的原因,然后再探讨其经济绩效。在解释产业集聚部分,我实际上把经济转型看成一个多元化过程,这个框架是和魏也华教授一起讨论出来的,我们将经济转型这个过程简单划成三个过程,即市场化、全球化、分权化,对应不同的力量,包括外部力量、市场力量、地方力量的相互作用。通过这个框架，我们解释中国产业地理集聚形成的原因。第二，我们需要研究经济活动的空间集聚是否产生经济绩效。在这里我将经济转型看成制度环境，把中国的企业放在经济转型的环境里去考虑，看看这样的经济环境怎么样改变产业集聚与经济效率的关系，产业集聚到底在什么样的制度环境下是有效的。

我们发现研究产业地理集聚需要考虑一些特殊的东西。在产业方面，比如你要在经济转型制度环境下理解产业地理格局，企业的异质性非常关键，产业尺度、产业政策等也影响经济转型与产业集聚的关系；同时，空间尺度、空间连续性、空间环境及空间规划与政策等也很重要。比如说我们一直认为出口企业在空间上是很集聚的，西方理论认为出口企业需要信息，他们为了共享信息聚在一起。但这一理论在中国可能不合适，因为我们的出口和西方不一样：其一，外国跨国公司给中国企业下订单；其二，我们有很多贸易公司，这些公司是信息源，能够显著降低交易成本，因此我们的出口企业没有必要聚集来分享信息，这是因为跨国公司下的订单压得几乎没有利润，出口企业需要利用深度分工，形成地方网络，才能够把成本降得很低，从而进入国际市场。

这是一篇我们在 *Regional Study* 上发表的文章，我们先建立一个框架，把经济转型细化为三个过程，我们直接把过程推演成一种变量去解释产业的地理集中。同时我们也在这里面引入了中国特殊的元素，比如国有企业作为特殊的制度安排会怎么改变经济转型过程对产业集中的影响。另外一篇文章发表在 *Urban Study* 上，我们把经济转型过程当成一种环境，去考虑什么样的产业在什么样的经济环境下可能从产业集聚中获得好处，从而能够促进城市产业增长。

第二个例子是服务业跨国公司区位的研究。服务业跟其他制造业不一样，相比制造业而言，服务业更加深度地根植于本地经济，比如房地产、零售业以及银行的外商直接投资，需要跟本地的经济结合在一起，所以服务业跨国公司对本地的制度环境尤为敏感。基于这样的考虑，我们认为服务业外资会非常强调制度优势和区位优势的相互作用会影响其空间选择。这是我们对外资银行区位的研究文章，在 *Regional Study* 上发表。在这篇文章中，我们强调银行业渐进式开放对外资银行的区位扩张的影响。

最后，我对跨国公司的研究也是把经济转型作为一个大背景来考虑。跨国公司面临一个渐进式经济转型的环境，这意味着信息不对称，意味着知识短缺，同时也意味着政策制度的不确定性。跨国公司相应地采取一种渐进式的多次投资的扩张模式，在这种模式下，一方面投资功能不断扩张，早期可能只是一个代表处，然后逐渐提升高端功能。所以我们看到功能不断地扩张，同时地理空间也在扩张。但是面临一个渐进式的经济转型过程，跨国公司如何来克服这种不确定性？怎么样克服这种风险？我们认为，跨国公司需要充分利用各种制度优势，更要会挖掘各种集聚经济。同一个公司不同的功能集聚在一个城市或少数城市，通过这样的空间安排，这个公司可以充分挖掘公司内部的规模经济；跨国公司可能会把相同的功能聚在一起，或者说来自同一国家的企业空间集聚、同行业集聚、跨行业集聚等。为了降低风险，克服各种劣势，跨国公司会充分挖掘各种优势。制度优势和集聚优势是一个权衡关系，如果这个地方的制度很好，跨国公司不一定集聚，但如果这个地方的制度不稳定，跨国公司需要形成一种封闭性的系统。诺基亚在北京、日本公司在天津和广州的汽车生产体系等，都是有效地规避政策风险，规避不确定性的战略。在这些理论演绎基础上，在控制其他变量以后，我们来验证不同集聚力量对跨国区位的影响。我们发现同一跨国公司倾向于将不同功能集中在一起，同种功能也会集聚，来自日本的跨国公司倾向于集聚在一起等。

我做这些研究应该属于阶段性的东西，你要在国际上的英文杂志发表文章，编辑审稿人需要你有一些学术贡献。但是我在想，中国的经济转型是不是一个历史阶段的事情？我们这样的研究有长远意义吗？另外一个，转型的特殊性，因为特殊的转型才有了这些问题去研究。但是真的那么特殊吗？我们最后发现制度只是一个条件而已，它的核心的东西，经济理性还是根本。

总之，随着中国经济转型越来越深化，我们的问题越来越有中国特色了，西方没有理论可直接拿过来完整地解释中国的经济地理现象；更重要的是，中国的经济地理学者要在中国的语境下发展理论来解释中国的经济地理格局的形成变化。请各位同行批评指正。

主持人朱竑：谢谢贺灿飞教授对中国经济特色和中国地理的思考，以及研究小诀窍的分享。超了十分钟时间，因为是北大教授，我没好打断。

4. 评议与讨论

顾朝林、保继刚、方创琳、张国友、林初昇、Lily Kong

主持人朱竑:下面进入讨论阶段，这个阶段有三位嘉宾，顾朝林老师是资深的“杰青”，中国地理界的第一个“杰青”，下面请顾老师说点什么吧。

顾朝林:首先，感谢朱校长邀请我参加人文地理沙龙。人文地理沙龙到今天已经是第六届了，一开始沙龙的目的主要是要推动人文地理学不同学科的发展，中国发展到今天，需要人文地理学，不是说人文地理学家自己喊我们在发展，这是国家的需求，我们人文地理学的很多分支学科是薄弱的，不能满足国家的需求，比如政治地理学，现在就很弱，文化地理学有几个大教授在做，但人还是很少。

最近中共中央和国务院关于文化产业发展的政策就没有地理学的声音，类似这样的情况不是我们自己要做，而是国家的需求。中国已成为第二大经济体，我现在感觉到很多会议是邀请我们去开会，还有杂志、国际交流，是邀请我们去做 spatial issue，还没轮得到你去发言，要发言都是请日本人发言。但是因为他们要了解中国，要了解中国发生了什么。我感觉到我们的人才不够，国家的需求没达到，外部要求的也没有达到。刚刚我们在智利开会，去的代表团很多，但是我们的声音还不够，没有达到要求，人文地理学沙龙的初衷，我估计以后要进一步朝这个方向走。

几个月之前我就答应中山大学公管学院、政府学院关于全球区域和全球城市的一个讨论会，我上午在他们那个地方开会。

主持人朱竑:这是我们这次最大的错误。

顾朝林:上午发完言，我下午过来，听了一半，还是有非常深的体会，人文地理学的队伍现在有了很大变化，是在转型。现在从国外回来的学者和国内培养的学者，队伍都有非常大的变化，不是说了解国内的人不了解国外，了解国外的人不了解国内，现在已经发生了很大变化，但是还不能满足学科的发展，总体的感觉还是低水平、分区域重复相同的事情。我们发了很多文章，制造了很多垃圾，包括博士论文，没有创新。我在北京做了一个，拿到广州再做一个，发表的文章也一样。很多东西需要我们去思考，不一定是定量的，对于有些小的东西，刚开始进入这个学科做工作应该是从定量开始，从小的区域开始。像刘卫东、陈雯、贺灿飞，应该去思考定性方面的问题，我认为这是非常关键的。

我最近也在对研究生说，我们的研究生好像都没长大，尽管二十六七岁了，还有很多人想待在学校不走。我举这样一个例子，毛泽东的小女儿李讷，从北京大学历史系毕业之后，做了《解放军报》的主编，她向林副统帅汇报，觉得自己太年轻。他说你不年轻，你二十七岁当主编，我二十五岁就是军团长，就指挥千军万马了，你当一个主编没什么。像刘卫东、陈雯、贺灿飞，别以为自己年轻，应该要做这个事，到我们这个年纪想做也做不了了。我们要转型，研究要转型。老在耕耘，收集些资料，分析些文章，没什么意思，不会写不行；但是老在这个层次上也不行，像汪明峰就做了很多工作。这个我们要推到世界上去，要朝前推。

另外一个就是你做的工作你自己领域的人能听懂，外面领域的人听不懂，这是我们的一个大问题。尤其在中国，陈雯是经济学博士了，2009 年我也当选"全国经济学百人"，在这里面我能排到第三十几位，全国所有的经济学里老顾能排到第三十几。中国的经济学有很多薄弱点，在应用经济学方面，数理基础比较差，但是国外的经济学家都有非常好的数理基础，看最近的诺贝尔经济学奖都是美国人拿，对这个国家的贡献是很大的，都是做定量的，但是我们没有做到。我们的经济学家就是在吹概念，但是我们的经济地理学家，包括刘卫东刚才讲的"投入—产出"模型，让你真正去做做不了，一是缺数据，二是素养不够。

刘卫东：我补充一句，我们做完了。

顾朝林：我们老在转型，老在找方向、跟踪，国外的干了什么就赶紧看看；但我们已经过了这个阶段，再这样走就没有目标了。我们的经济已经走到这个程度了，我们的发展、我们碰到的问题是他们没碰到的，再跟踪他们不是说没有价值，价值可能很少。像日本的青年人，没有目标，宅在家里面，有得吃、有得喝，但不知道干什么，无所事事。如果我们不清醒地认识到这个，再有十年左右的时间，也会有一批这样的人，不知道干什么。

我们要转型，要用转型的思路思考，这是我总的感觉。谈点感想。

对他们三个做点评，他们三个人都是人文地理界最优秀的、年轻一代人杰出的代表。

刘卫东：刚才说我们不年轻了。

顾朝林：你们是不年轻了，但你们在青年里面算出类拔萃的，做了非常好的工作。我也提出一些批评：最重要的工作，我认为你们三个人还要尽快在某一个领域里面，做出不仅仅是我们人文地理学认可的研究，也让地理界，或者是跟我们交叉的经济学界认可的研究成果。做的工作要让人家能读懂，能听得懂你做的东西。这个工作是国家需求的，有需要的，要做到这样，对一般人来说是难的，但对你们三个人来说我认为是有必要的，要提到这样的高度上去。时间很快，我都满头白发了，五十三了。有时要做行政工作，有时要做其他工作，会占用你很多时间，想做做不了，没有精力做了，所以你们要思考这样的事。

刚才卫东做的我认为太大了，要谈区域研究实际上是多学科的问题，你应该谈区域经济地理的研究，在区域经济地理里面我们应该做什么。在区域研究或在区域规划里，最近这五年，区域规划提出了三十几个，没有几个是从我们地理人手里出来的，多数是经济的、发改委的人做出来的，而且做出来跟我们是有差别的，是运用了我们自然地理、人文地理的基础，在那个基础之上提升、推出的相关政策，我们要认识到这样的问题。我们做的工作既要让别人看得懂，又要让他们认为我们有货、有基础，这是需要注意的。

陈雯长期从事长三角的研究，今年也拿了重点基金，她今天谈的我认为也是有问题的。何深静说自己有食洋不化的嫌疑，我认为你是土鳖，你也食洋不化。你说用三D做一体化是什么概念？三D是跨区域的、分区，用分区做一体化是什么意思？基本上我不懂。在国家推出的长三角规划里，非常重视长三角的区域一体化，它的区域一体化要做的是基础设施、社会设施这个方面的一体化，来推进整个区域的经济一体化。如果我没有理解错的话，我看到的是这样的东西。但是你今天做的报告和中央的文件之间是有差别的，至少人文地理最精干的科学家在做的这样一些工作，做出来的应该跟国家的需求尽可能地相关联，这是我的一个感受。

贺灿飞的工作做得非常好，但是我刚刚和刘卫东私下讲，你这样讲，到“杰青”的会上这样讲，就完了，因为让别人听不懂。转型经济地理，中国转型经济地理研究，刚刚我和老保（保继刚）在说，你讲中国转型经济的地理研究，你讲的是啥？在这个领域里我认为我们做的工作不够。我最近去了趟意大利，意大利有个 *Spatial Economics*，主编是一位老太太，她每次来北京都到我办公室，每次我都请她吃饭，她说你们给我写一篇文章，她把俄罗斯的文章复印给我，中欧转型方面都写了文章，中国就没有一篇这样的文章，她说你们给我写一篇这样的文章。她讲的是什么意思呢？我们是制度转型，她不认为是经济转型。我们上一步的转型是国有企业的，应该是十五年前，我们忽然一下开放了，外国公司进来了，进来后不是把我们的经济结构搞了转型，而是替代，从大的重化工一直到日用化学品、到牙膏，都进来了。过去用的都是上海的中华牌牙膏，现在三个品牌大家都在使用，里面有没有变化？没有变化，牙膏还是牙膏，并不是产业结构的转型。现在讲经济增长方式的转变，由制造业向生产服务业的转型才叫转型，我认为下一步的东西才是经济转型。上一步的转型是一种制度下面经济的一种内部调整，是主体调整，用我的理解应该是这样的。可能经济学家也会这样理解，这是我可以跟贺灿飞探讨的，至少我们讲的东西应该让人能理解，写了这么多文章，不要再朝下写了，写上两三篇，把你要准备申请"杰青"的东西，思想、闪光点概括出来，我认为是非常有意义和重要的，我就做这样一个点评。当然，他们三个人都是我最好的朋友，我讲得犀利一点，估计问题也不大。

刘卫东：我一定要更正一下，"投入—产出"表我们是和中国投入产出协会合作的，这一次为什么非常准呢？因为统计局在原始表上已经做了非常杂的工作，过去调入调出部门没有分进口和出口，这次二十多个省都做好了。

顾朝林：即使你做了，有没有用到"十二五"规划中？或者说能不能被"十三五"规划用上去？假如没有用上去就是没有用。要为国家决策服务。

刘卫东：顾教授说得非常好，我们花了两年时间把工作做好，你说得对。我们的表已经编好了，欢迎在座的所有地理学者免费使用。如果你们想要那个表，给我们一个函，希望大家共同用好这个表，给国家做一些贡献，比如说减排指标的计算，等等，很多都可以用。这个表的确是到目前为止编得最准的一个，因为考虑到其他很多因素，免费给大家用，我们遵照顾教授的指示，争取让这个表能为国家的决策服务，或者为我们的研究提供一些基础性的材料。

主持人朱竑：谢谢顾老对所有年轻的和不太年轻的人的期许与要求。下面有请副理事长保继刚教授讲几句。

保继刚：我先评论老顾两句。老顾换了个马夹，从南京大学地理与海洋科学学院到了清华大学建筑学院，但是今天看来，换了个马夹说的还是地理的话，并且回到地理来说话。我就怕换了马夹地理都回不来了。

第二点，语重心长。因为他有一头白头发，可以在这里卖卖老。我一直在想我们的第一届沙龙，我们在座的七七级的已经是老大哥了，已经可以卖老了，特别是他有一头白头发，实际上他年龄不大，主要是头发白。但是语重心长当中又不乏很犀利的评论。

最后一段话又回到另一件事去了。2003 年在南京大学的沙龙上，大家在争知识贡献和国家服务，最后陆先生的话和他说的一模一样，他肯定是从那里背过来的。

顾朝林:不好意思,我得插一句。上个礼拜,我也来中大了,叶嘉安院士也来了,讲中大的重点实验室的发展方向的问题。我和叶嘉安教授认识二十五年,他从一开始不了解中国、批中国,到现在我说他“很中国”了。我这么评价他:他从头到尾就是强调我们这个实验室,广东省的重点实验室怎么为广东省的经济社会服务,而不是强调你在 SCI、SSCI 发什么文章——那是你个人的事。你这个团队怎么给国家做贡献?我们是一个团队,是人文地理的团队,怎么为国家服务?因为我们没有其他的,除了人文地理我们还能做什么?连在香港大学的叶嘉安都这样认为,我觉得我的讲法不过分。

刘卫东:可能到了一定年纪都会讲这个话,也许过不长时间我也会讲这个话了。

保继刚:我们确实要为国家服务,但是也得仰望天空,也得去思考,这个问题不讲了。刚才是对老顾讲话的感慨,这个专题叫做“人文地理学的未来与学者的责任”,我讲讲学者的责任。我不想上升到理想,上升到国家需求,我讲讲学者当中的,像我们做了一定学术行政职务的学者的责任。

地理学家很不容易,地理学家要互相支持。“文化大革命”的特殊国情导致我们从七十岁这一代人一下子跳到五十岁左右的人主导的舞台上,这一代人很多已经做了院长、校长、研究室主任,等等。作为我们这些双肩挑的学者的责任,除了还得比别人更拼命地做研究之外,更重要的是做好行政,学术行政的责任。包括何深静讲的,我们在面对年轻的一代,但实际上我们比年轻一代大不了太多。是历史把我们推到了这样的行政职位上,所以在行政职位上你主导的政策——实际上院长的权力是蛮大的,通过你的政策的制定引导一个学院,或者说这个学院代表了这个学科的发展。我结合自己的经历想说的一点是,我们承担了这些责任的人,要有一颗为了地理学发展的红心,或一颗宽容的心,一颗海纳百川的心;但最重要的是没有私利地去制定你的政策。任何人都会用自己的理想去制定主导的政策,在不违反学校或科学院大的框架下制定政策。我们这些做行政负责人的,你的政策可能会使你在这个单位干一届四年,也可能干两届八年,但你的政策的引导可能会持续十年,担了这个责任以后,可能决定了你的单位十年的学术发展。

在这样的情况下,我们尽管年轻——我做院长的时候是三十八岁,就坐在了这样的位置。我的经验是向老先生学习,比如我(就任后)第一件事就是跑到北大请王先生给我提一些建议,老顾、开方也提过,还有我原来学校的老师。在这样综合的情况下,最终的决策还是你做院长的决策。总而言之,我们这辈人要承担承上启下的责任,学科发展的责任,培养人才的责任,呵护你的手下的责任;目标只有一个:把这个学科发展上去,地理学家才有出路。谢谢。

主持人朱竑:谢谢保继刚教授,下面我们有请中国人文地理专业委员会的主任方创琳研究员给我们讲几句。

方创琳:首先我不敢对刚才讲的优秀杰出的几位科学家做的工作妄加评论,我表达一句话:他们都是我学习的榜样。当然,我也要向顾老师和保教授学习。我重点谈一下这次参加人文地理沙龙的粗浅感想,前几年我们参加得比较少,这次从头听到尾,感觉收获非常大,谈几点想法。人文地理沙龙组织了一天以后,大家,包括同事们和同学们,可能都还意犹未尽,大家有一个共同的愿望:我们是不是能针对某一个主题搞一次沙龙?人文地理沙龙办了这么多年,我的感想和不成熟的建议是:解决了什么问题?我们首先要问一下我们自己,以后沙龙要办的话,能不能搞命题沙龙?针对这样的问题,提出这样的做法。

所谓的"命题沙龙",可以向在座的各位征求一下大家关注的命题是什么样的问题,围绕这样的命题从不同的角度研究同一个问题。今天这样的会开完以后就会有一个阶段性的成果、报告,放大一点可能就是一本著作,也有可能形成一部理论,有这样的建议,可以让我们的收获更大一点。说实话,作为人文地理专业委员会的主任,我的压力非常之大,大家都看着人文地理今后的发展。虽然在座的各位都在人文地理沙龙上发表了不同的观点、真知灼见,但目标只是一个:为人文地理学的持续健康发展做贡献。这是我提的一个很不成熟的建议。

我们沙龙结束以后要做什么?不能大家来了就你好、我好、大家好,吃吃喝喝就走了。这里有一个题目——每个题目我都看,我要看看我们推出了一个什么样的新的理论,总结出了什么样的方法。还没有一个让人过瘾的。通过沙龙,以后理论方面应该总结一点东西出来。

基于这种考虑,我再提一个想法和建议,能不能在沙龙之后,大家组织这么一批人或团队,去梳理一下中国改革开放以来或建国以来,老先生及年轻一代科研工作者们在研究过程中提出的一些理论,哪怕不成熟。我们翻译了这么多国外的人文地理学术流派,我们也搞几个什么主义出来,也出去让外国人玩一玩。过去引进国外的东西我们觉得嚼起来很有味,把它神话掉了,同样的一个概念,国内和国外的内涵不一样,因为所根植的社会背景不一样。在我们国家经济地位、学术地位、政治地位都提高的情况下,倒过来,我们是不是也搞一些流派出来,翻译过去出口到国外,也让他们学一学、炒一炒,奠定中国地理在国际上的学术地位?有没有可能组织这么一拨人?顾老师,这也是对您老提出的建议。能不能梳理一下中国人文地理的学术流派?这样可能会好一点,但要通过长期积淀之后由大家来做这些事情。这是第二个不成熟的想法。

第三个是关于人文地理研究与学术研究实用性的问题。保教授不一定赞成我的观点，但我还是觉得我们所有的课题花的都是纳税人的钱，反过来就要为纳税人服务，如果我们写的文章起不到服务的作用还是要打折扣的，学术研究要讲科学性，同时也讲求实用价值，要为国民经济建设服务，从不同的形式、不同的角度服务，只有这样，我们的人文地理学才有旺盛的生命力。如果只停留在发表几篇文章上，自我陶醉，我们的人文地理学科可能就发展不了，就停留在某一个层面上。我们要把我们的研究和国家的经济建设、国外对我们的需求联系起来，这可能是我们今后要瞄准的方向。

最后一个思考，也是我们在座各位最困惑的问题。我们都认为对我们不公平，对我们的评价不公平，大家坐在一起都发牢骚，觉得不能用在 SCI、SSCI 上发多少文章来评价我们。那么能不能有一个公认的评价体系来评价我们，我们认为是公平的？我们人文地理沙龙是不是可以探讨这样的问题？这个问题直接牵涉到在座的学术地位、切身利益及方方面面，诸如升值、提干。我们能不能考虑这样的问题？由顾教授牵头。

顾朝林：我插一句。你的想法是很好的，但这不是一代人能够解决的。你这一代人就这样了，甘为人梯。清华和北大这两个学校，人文地理学要做成像清华、北大那样就不需要谈这个，清华从来没有人让我们填表发多少文章、拿多少经费，没有任何人找我们，我们校园里所有的人都看着天空，认为是最好的，从老师到学生都认为是最好的。怎么做到这样？人文地理是有用的，你干出来的东西是有用的，自己去评价就行，不要搞指标。

主持人朱竑：谢谢方创琳研究员，下面请秘书长讲两句。

张国友：想起来两句话和大家交流一下。第一，刚开始开会的时候我也希望通过我们沙龙多年的讨论，能够提出一些理论和方法，能够提出中国的学派，但我想这个事情可能是一个漫长的过程。大家可能注意到，学会组织专家出的学科发展报告，实际上都是比较粗浅的，但我们通过沙龙的形式，无论收获有多大，也是一种导向。这是第一句话。

刚才方教授讲能不能再有一个出口，把理论和方法再凝炼一下，再出一些更具体的成果？这个是有的。现在樊杰教授正在牵头写人文地理发展报告，在座很多专业委员会主任都是执笔人，负责自己的领域，你们有责任把你们领域最好的成果、理论、方法好好地提炼总结一下。现在樊杰非常焦灼，拿到了东西，大家也非常忙，但是的确很难做。我想也不能要求太高，毕竟是初步在做。但通过不断地凝炼，可能十年后，我们再出的发展报告，可能从方法上就能够梳理出一些成果。

专业委员会主任和执笔人要认真对待，在座的多数都是人文地理学者，你们自己有什么好的成果，有什么你了解的别人的一些成果，现在还来得及把这些信息——哪怕就是一页纸、半页纸，提供给樊杰教授。

主持人朱竑：最后十分钟我是这样安排的，我想邀请 Lily Kong 教授和林初昇教授每人各讲四分钟，我讲二分钟。

林初昇：我有一个提议，我觉得我们这次在美丽的校园举行沙龙，多亏了朱校长跟他所有的团队成员。大家看到有这么多学生服务，我们这次沙龙的圆满成功与他们绝对分不开。所以我有一个提议，让我们大家用热烈的掌声，感谢朱校长跟他所有的团队成员，特别是这边的学生，给我们的大会创造了这么好的条件。感谢他们所做的大量工作和大量努力。谢谢大家。

主持人朱竑：我想请 Lily 给我们一点建议，我们沙龙已经到了死胡同了，下一次不知道怎么办。

Lily Kong：朱教授在邀请我的时候，我在想这个沙龙的概念是什么？因为我们在新加坡没有这样的概念，在国外也许不用"沙龙"这两个字，他们举办的讨论会与此倒有一点相似。可是我过来参加这个沙龙之后，我觉得你们这个沙龙的概念是很好的概念，你们的讨论很活跃。最遗憾的一点是没有听到学生的意见，我希望以后有多一点机会留给学生，也鼓励学生发表你们的意见，就是这样。谢谢。

主持人朱竑：没有不散的宴席，再次感谢各位大佬级教授的到来，你们的到来可能会改变未来地理学科在华南师范大学的格局。我自己希望通过五到十年的发展，使华南师范大学地理科学学院能够跻身国内比较好的团队序列，所以希望未来的日子里，各位能多多关照地方部队的发展，我们的生存空间跟 985 是有很大差别的，这是第一。

第二，今天是十二月十七日，新的一年马上就要到来。我也知道在座的各位教授都是所在学校学科的带头人，很多都是院长和校长，明年大家最大的任务就是搞一级学科的国家重点学科，大家身上肩负的担子很重。我还是延续以前的话：我们地理学人自己要团结。这次中央如果给我们七个指标，我们一定要把七个指标用足，千万不要再浪费指标。地理学科在其他学科眼里是什么也不是的。不仅仅是来参加沙龙的单位，我也希望我们的秘书长，大家一起呼吁，让我们的地理学科在比较严酷的生存环境里，进一步发展。我希望我们自己要团结，这是我自己的一个衷心希望，也希望华南师范大学地理学院以及所有有条件进入国家一级学科的单位和兄弟院校，都能够入选。

第三，人文地理沙龙今年已经是第六届了，其实去年停了一年，最初是基金委和地理学会发起，未来怎么走？是不是有申办机制？具体由谁负责？希望进一步明确。我这次尝试做了一点点努力，第一，有意识地将人文地理专业委员会拉进来作为承办方；第二，邀请江莉莉教授进来，有一些多元呈现；也有意识地把从来没有在沙龙上露过面的面孔——东南西北中的，都拉了一些人过来，希望未来更多的人能够了解它，并且能够从中受益。希望下一届的时候，沙龙的会旗能够交换，变得更生动。

新年就要到来了，祝福所有在座的老师们、同学们，希望新的一年人文地理学能有更大的发展，盼望有新的“杰青”产生，盼望有更多的重点基金能够获得，同时盼望年轻人尽快成长起来。

后　记

2011 年人文地理学沙龙在华南师范大学顺利举办已逾六个月，沙龙学术交流的相关文字整理工作在全体工作组的努力下，几经修校，也已接近完稿。序言是应我们的请求，烦劳我们的老师、前中国地理学会副理事长、知名城市地理学家许学强先生撰写的。沙龙能够在人文地理学式微的华南师范大学举行本身是一个大事件，我很想写几句话在这里表示特别的感谢，但自觉与许老师对学科未来发展的前瞻性指引和对后学的期许相差甚远，惶恐中真不知从何下笔。只好将沙龙发生前后的故事写下来，权做纪念。

2009 年的寒冬，我参加北京师范大学举办的第五届人文地理学沙龙，当时周尚意教授特邀了几位历史学界的大家来与我们人文地理学者对话。期间产生了在华师举办沙龙的想法，当时就向北京大学柴彦威教授做了汇报，得到了他的响应与赞许。原本的想法是等来年木棉花开的季节在广州举办沙龙，但苦等通知与授权的过程时间过得很快，一晃到了 2011 年年中，柴教授打电话批评我工作拖延，不及时推动沙龙。我恍然大悟，立即开始相关工作，算是正式启动了沙龙的筹备。

在筹备的过程中，为了选择主题、突出特色，前前后后得到了柴彦威教授、周尚意教授、刘卫东教授，以及人文地理专业委员会主任委员方创琳教授的悉心指点和大力帮助。

沙龙特别邀请了新加坡国立大学文化地理学者 Lilly Kong 教授和香港大学林初昇教授等，探讨了在世界发展的格局中，中国人文地理学如何在面临机遇与挑战的过程中继承传统、不断创新的论题。

我要特别感谢国内人文地理学界诸多学者的热烈响应，大家为了短短一天的沙龙从四面八方来到华南师范大学共举盛事。这里我不再一一列举各位教授的大名。这次沙龙也得到了中国地理学会、国家基金委地学部，以及各兄弟单位的大力支持，它的成功举办成为华南师范大学地理学发展历史上的重要事件。我感念同行们的鼎力支持，也深深理解大家对华师、对朱竑这个团队的期望和支持。感谢你们，我的兄弟姐妹！

2012 年 5 月，中科院地理所刘彦随研究员利用在广州开会的间隙，专程赶到华师进行学术讲座，说是为去年未能参加沙龙来“补课”。至诚之情令我们动容。我明白这一切都是因为地理学大家庭的相互支持。华南师范大学作为一个地方大学，许多方面还面临着诸多困难，我们只有加倍地努力、勤奋地苦干、积极地提升研究水平，为中国地理学学科地位的提高尽微薄之力，才能报答大家的厚爱。

此外，沙龙自诞生之日起历经数年发展，已然成为一个具有号召力的品牌。但也正如诸多学者所担忧的，沙龙越来越不像"沙龙"了，有"学术会议化"的趋势。如何在弘扬沙龙精神、凝炼讨论主题、增加沙龙频次等诸多方面不断改良和完善，使沙龙与时俱进，有待后来人费心努力了。

衷心祝愿中国人文地理学越来越强大！

朱　竑

2012 年 6 月于广州石牌华南师范大学